Esta noche
NO, querida

SERGIO SINAY

Esta noche NO, querida

EL FIN DE LA GUERRA
DE SEXOS Y LA ACEPTACIÓN
DE LOS VALORES
MASCULINOS

DEL NUEVO EXTREMO

Esta noche no, querida

Autor: Sergio Sinay
Diseño e imagen de cubierta: Opalworks
Compaginación: Pacmer, S.A. (Barcelona)

© del texto, Sergio Sinay, 1997
© de esta edición:
   RBA Libros, S.A., 2004
   Pérez Galdós, 36 – 08012 Barcelona
   www.rbalibros.com / rba-libros@rba.es
   Magazines, S.A., 1997
   Juncal 4651 (1425) Buenos Aires – Argentina

Primera edición: marzo 2004

Reservados todos los derechos.
ninguna parte de esta publicación
puede ser reproducida, almacenada
o transmitida en modo alguno o por ningún medio
sin permiso previo del editor.

Edición para España. Prohibida su comercialización
fuera del territorio español.

Ref.: DP-22
ISBN: 84-7901-920-4
Depósito legal: B. 10.017 - 2004
Impreso por Novagràfik (Montcada i Reixac)

A mi hijo Iván, de hombre a hombre, con amor.
A mi padre, por lo que pudo.
A mi tío Marcos, que no tuvo lo que no quiso tener.
A mis abuelos.
A mi hermano Horacio.
A Jorge Genzone, terapeuta, copiloto, partero.
A los hombres que empiezan a decir que no.
A Carlos, Diego, Edgardo, Ernesto, Hugo, Juan, Luis, Norberto, Roberto, Ricardo y Silvio por el privilegio de cada jueves compartido.

Índice

11 Prólogo a la edición española

17 Prólogo necesario para esta edición

23   1. **Hombres pariéndose a sí mismos**
      24   La silla sin ocupar
      27   Los que vuelven a nacer

35   2. **Los modelos: casas prefabricadas**
      38   Ciegos en la tormenta
      41   La debilidad de los héroes

49   3. **El cuerpo: división blindada**
      50   Haciéndose el despistado
      58   Volver a meternos

63   4. **El lenguaje: más allá de las palabras**
      69   Recuperando lenguajes

77   5. **El padre: un amigo postergado**
      85   De embriones y poderes
      88   Cierto analfabetismo
      91   El padre interior

95   6. **El hombre solo**
      98   El gran vértigo
     100   El coraje olvidado
     102   Déjate algo puesto

109 7. El sexo. Si ligo, elijo
    116 ¿Será suficiente todo esto?
    124 Dos para un tango

131 8. El compromiso. Divinas palabras
    136 Lo que llamamos fácil
    138 Dar de nuevo

141 9. Los derechos del varón. Una declaración
    144 Pérdidas totales
    145 Recuperar y estrenar

153 10. Las mujeres. Distintas y necesarias
    155 Misión imposible
    159 Primeros pasos

161 Apéndice. Grupos de hombres al rescate de la masculinidad profunda
    161 Una cuestión pendiente
    163 Hombres en grupo
    165 Las otras polaridades

169 Punto de encuentro

Prólogo a la edición española:
A propósito de una pregunta inquietante

¿Somos los varones una especie en extinción? Ante la invitación a escribir el prólogo de la edición española de *Esta noche no, querida*, vuelve a mí esta pregunta que, desde hace cierto tiempo, me ronda y me preocupa. Sobre todo cuando veo a tíos que se divorcian y abandonan todas sus responsabilidades (especialmente hacia sus hijos). Y a otros que persisten en confundir lo que hacen con lo que son y terminan succionados por su perfil laboral o profesional hasta el punto que ésa es toda su identidad. Y a hombres que aún creen que hay alguna relación directa entre el tamaño de su automóvil y el de su pene y que, además, lo proclaman. O a los señoritos que han descubierto que ser hijos eternos, que no salir de sus hogares paternos, les protege de las auténticas responsabilidades y los verdaderos protagonismos de la vida y, por lo tanto, se fosilizan junto a papá y mamá (cuando no junto a mamá sola). Agregad a los varones que se declaran a sí mismos discapacitados para participar activamente en la educación, la salud y la vida emocional de sus hijos y dejan el paquete en manos de la madre, abonándose a una creencia cultural según la cual los vástagos son un poco más de la mamá que del papá. Los hay también que despiertan vergüenza ajena, con sus ya rancios chascarrillos y actitudes antifemeninos (no confundir, por favor, con antifeministas), como si eso les diera certificado de hombría. Y están los caballeros progres que, con las mejores intenciones, creen que ponerse a tono con los tiempos es «femineizarse», esto es, adoptar como deseables cualidades culturalmente atribuidas al otro sexo y pedir perdón por los propios aspectos, como si éstos fueran en sí negativos o disfuncionales, sin darse cuenta de que hay maneras integradoras y valiosas de ser hombre sin renegar de lo propio. Y esto nada tiene que ver con homosexualidad, vale aclararlo, no es una confusión de sexo, sino de género.

Podría continuar, pero creo que la lista es ilustrativa. Y, frente a esto, veo a mujeres cada día más enfadadas, desanimadas o entristecidas ante actitudes de los varones que las rodean o con los cuales conviven. ¿Y qué ocurre si un día ellas se hartan y deciden prescindir de nosotros, quienes ya ni somos príncipes ni somos azules, sino simples hombres desteñidos? En nuestra mayoría, los varones no resultamos hoy ni compañeros, ni complementos emocionales de las mujeres. El rol de proveedor, que se nos había asignado en exclusiva durante tantas generaciones, puede ser muy bien desarrollado, y de hecho lo es, por ellas. Los bancos de semen, la inseminación artificial (que también lleva nombres vergonzantes como fertilización asistida o *in vitro*), nos hacen prescindibles en la gestación de un niño. Por no hablar del inquietante desarrollo de la clonación que, según anuncian algunos peligrosos científicos contemporáneos, permitirá reproducir a los humanos a partir de una célula... ¡materna! Por otro lado, la tan mentada potencia sexual masculina, sobre la cual se erigieron durante siglos la imaginería erótica y la tradición pornográfica de Occidente, parece hacerse humo a medida que las mujeres, tras recuperar su derecho al deseo, se proponen ser sujetos y ya no sólo objetos sexuales. Si aquellas leyendas que los varones sosteníamos sobre nuestros rendimientos y capacidades hubiesen sido ciertas, la Viagra habría pasado sin pena ni gloria, en lugar de convertirse en uno de los más brillantes negocios de la industria farmacológica.

Así es como nace mi pregunta inicial y temo que, con ella, también una respuesta: aferrados al estereotipo tradicional o limitados a cambios superficiales de ese modelo, los varones (convertidos en lo que hoy se entiende por hombre) corremos serio riesgo de ser una de las especies en extinción en el siglo veintiuno, aunque hasta hoy ninguna organización ecologista nos haya incluido en sus listados.

Cuando escribí la primera versión de *Esta noche no, querida*, me proponía plasmar un testimonio de lo que un modelo masculino estereotipado había hecho de nosotros, los varones de Occidente. Con ligeras adaptaciones nacionales o regionales, y con las honrosas excepciones de siempre, el prototipo nos cabía a todos, según mis investigaciones y mis propias experiencias. Llevaba yo unos pocos años coordinando grupos de hombres a los que llamaba «espacios de exploración del alma masculina». Y aun con la dificultad que significaba para muchos varones acercarse a esa propuesta, para lo cual debían vencer el temor a ser considerados flojos o poco confiables, el número de ellos crecía de forma lenta y constante. Y en aquellas actividades, a través de actitudes, gestos e iniciativas compartidas, yo advertía que había una necesidad latente de salir de la coraza de la masculinidad tradicional, de abrir los espacios interiores clausurados, todos ellos vinculados con lo emocional, con lo intuitivo, con lo receptivo, con lo compasivo, con lo nutricio.

Así, el libro pretendía evidenciar las heridas psicológicas y espirituales padecidas por los varones (admitidas o no, declaradas o no, conscientes o no) y, también, dar cuenta de los impulsos de cambio que se podían percibir en muchos hombres. Muchos, sí, pero no una mayoría ni nada parecido. El título,

Esta noche no, querida, podía entenderse, y de hecho así ocurría y sigue ocurriendo, como una chanza, una ironía o una réplica de significado puramente sexual. En parte lo es, aunque no se trata de la contrapartida del legendario «me duele la cabeza» femenino. El libro invitaba a responder con un «no» a todos aquellos que piden a los varones, y esperan de ellos, actitudes, pensamientos, palabras y gestos que perpetúen el modelo clásico de hombre blindado parado sobre las cuatro «P» de la masculinidad tradicional: productor, proveedor, protector y potente. Me proponía advertir sobre la endeblez y la precariedad de esas patas, sobre sus riesgos para nuestra salud emocional y física.

Desde entonces el libro ha gozado de una vida larga, fecunda y estimulante. Mi primera sorpresa fue encontrarme con una legión de lectoras. Como si el título hubiese sido un desafío, eran ellas quienes lo buscaban, lo leían e incluso incitaban a los varones (esposos, amigos, novios, hijos, amantes) a leerlo, compartirlo o discutirlo. Era común, en esa época inicial, encontrarme con hombres que me confesaban haber llegado al libro a través de una mujer. En los años siguientes, para los hombres se fue haciendo menos vergonzante y más habitual participar en grupos, talleres, seminarios y debates sobre sus propios roles y funciones y, producto de ello, empecé a conocer lectores que llegaban a *Esta noche no, querida* por propia búsqueda y elección. Finalmente igualaron y superaron en número a las mujeres; el libro y sus protagonistas convergían en el espacio de la lectura, la reflexión y la discusión.

Creo que el fenómeno de género que aconteció, al menos en Argentina, con los lectores, fue un reflejo de lo que pasaba con los varones. A lo largo de la década de los noventa, el clásico modelo masculino se fue revelando como insuficiente y definitivamente insalubre. Globalización, modelos económicos neoliberales, ruptura de esquemas familiares, variados tipos de crisis sociales han traído como consecuencia el hecho de que casi todos los roles y espacios exclusivamente «masculinos», y «protegidos» como tales, estén hoy en cuestión. Ni producir, ni proveer, ni tener la iniciativa sexual son ya monopolio del varón. A cambio, los hombres no hemos desarrollado con suficiente impulso y vastedad nuevas experiencias (vivenciales, no teóricas) y propuestas de masculinidad. Hay necesidad de ello, mucha, y se siente. Ni domados, ni blindados, los varones contemporáneos asomamos más bien desorientados. Hay necesidad de una masculinidad más receptiva, más emocional, más intuitiva, más compasiva, que conecte fuerza no con violencia destructiva, sino con creatividad, y que dé a la capacidad competitiva un sentido de superación y fecundación, antes que de enfrentamiento y aniquilación del otro (competimos para superarnos tú y yo, y en ese proceso mejoramos nuestra comunidad y el mundo, antes que enfrentarnos para eliminarnos).

A la luz de esta situación vuelvo a leer *Esta noche no, querida* y descubro que hemos cambiado para mejor tanto el libro como yo. En mi caso, porque hoy creo con más convicción que nunca en la necesidad de que los varones nos aceptemos, como humanos, como seres constituidos por dos energías, una activa y ejecutiva y otra receptiva y reparadora. La masculinidad profunda se nutre de ambas, la machista desprecia la segunda. Pero ese rechazo es inútil, ya que de todos modos, dicha energía está en nosotros, dormida, a la espera, para sanarnos y hacernos mejores hombres. El libro, sin que yo le haya tocado una coma, se ha actualizado. Hoy, creo, ya no es sólo un testimonio, ya no se propone dar cuenta de una situación. En el mundo de hoy puede ser también una proclama. Yo no lo sabía entonces, cuando lo escribí, pero creo que en ese mismo testimonio hay una arenga, una invitación cierta a la transformación. La preparación de esta nueva edición me ha permitido leerlo de esa manera. Y ha sido una experiencia estimulante. Ojalá los lectores (ellas y ellos) españoles compartan esta mirada. Por no hablar de la expectativa que crea en mí todo aquello que puedan descubrir en su propia lectura. Hasta aquí, he hablado del cincuenta por ciento del libro que, como autor, me pertenece. El otro cincuenta por ciento es vuestro y será para mí un hallazgo.

En cuanto a mi pregunta sobre si somos los varones una especie en extinción, la respuesta es sí. Hay un modelo de hombre, aún vigente y diría que hegemónico, que no tiene futuro. Congela y posterga lo más rico y fecundo de la masculinidad. Quienes continúen aferrados a él para confirmar su «masculinidad» serán, antes de lo pensado, varones prescindibles. Quienes lo trasciendan, en gestos y actitudes, enriquecerán su hombría, la compartirán, disfrutarán y celebrarán con hijos, mujeres y demás hombres. Podrán decir, como el poeta Gabriel Celaya: «No reniego de mi origen/ pero digo que seremos/ mucho más que lo sabido,/ los factores de un comienzo».

Buenos Aires,
junio de 2002

Prólogo necesario para esta edición

A los cuatro años me partí una ceja al chocar contra un mueble mientras corría hacia la cocina de mi casa para encender un palito con el que jugaba a fumar. Me dieron tres puntos de sutura y lloré aterrado al ver mi propia sangre.

A los seis años me enamoré de mi maestra de primer curso (la «señorita» Aurora Villalba de Lami), que ni se enteró ni me correspondió, pero perdura en mi memoria como una morena de infarto con labios carnosos y rojos como un corazón. Fue, como corresponde, mi primer amor.

A los diez años tuve mi primer combate formal a empujones (con el gordo Salido, compañero de curso). Terminó con una confusión tal que todavía hoy no sé quién ganó.

A los trece años paré mi primer penalti, jugando para el Primer Año, Tercera División del Colegio Nacional Absalón Rojas, de Santiago del Estero. Todavía me tiemblan las piernas al recordarlo. Ganamos el partido, aunque no el campeonato. Entonces yo era portero, después cambié a mi puesto de toda la vida: defensa central.

A esa misma edad me masturbé por primera vez consciente, voluntaria y afanosamente. Los primeros en saberlo fueron el pequeño Alvarado, Ricardo Zampieri y algún otro de mis compañeros de colegio, a quienes se lo conté nada más llegar aquella tarde a clase de gimnasia. Esas cosas se contaban como hazañas. Y lo eran.

A los diecisiete años, o poco menos, empecé a vivir solo (hablo de esa experiencia en un capítulo de este libro). Aprendí a cocinar (el repertorio de entonces se limitaba a arroz, fideos, bistec y huevo frito), a lavarme las camisas y la ropa interior, a pagar las cuentas y a temer a los acreedores.

A los diecisiete años, o poco más, debuté sexualmente con mi primera novia formal. Durante años había temido que no ocurriera nunca y que si sucedía yo no sabría qué hacer. Hice lo que mi corazón me dictaba, mientras le agradecía a Dios que no se hubiera olvidado de mí.

A los dieciocho años empecé a trabajar. Con una audacia que desconocía en mí, me presenté ante un periodista famoso y me ofrecí a trabajar en su revista y a mejorarla. Me contrató con una salvedad: «No vas a escribir lo que quieras, sino lo que necesite, y además vas a ir a la imprenta, vas a corregir textos y, si es necesario, vas a limpiar la oficina». Acepté. Con el primer sueldo pagué la cuota inicial de una Lettera 22, mi primera máquina de escribir propia (mi primera posesión, la verdad).

A los veintitrés años me casé, creyendo que era para toda la vida.

A los veintiséis años me compré mi primer coche, un Citroën 3 CV usado. Me sentía como un señor. Un coche no era cosa de niños.

A los veintinueve años me convertí en padre y, aunque en aquel momento no lo sabía, creo que fue entonces cuando me convertí además en hombre. Ninguna otra decisión en mi vida había sido, hasta entonces, tan responsable y en ninguna había actuado como en aquella, por mí mismo.

Este es el relato sumario de mis debuts esenciales en el camino hacia la certificación de la masculinidad: debut de sangre, de ilusión, de combate, de hazañas deportivas, de semen, de independencia, de trabajo, de posesiones, de mayoría de edad, de responsabilidades civiles, de paternidad. Después de haber pasado por ellos, y mientras vivía otros, empecé a preguntarme (confusamente al principio, con paulatina comprensión después) de qué diablos se trataba, en fin, eso de ser hombre. Creo que fue el nacimiento de mi hijo el que, al colocarme de cara a él por un lado y a la de mi propio padre por otro, sembró algunos de los interrogantes más profundos de esa búsqueda. A eso se sumaría, después, la crisis del divorcio, las preguntas que me planteaba a mí mismo sobre mi vida profesional, la pérdida de amigos varones (algunos víctimas del genocidio militar, otros de los ofrecimientos de la vida bien «integrada»), las experiencias afectivas, el encuentro de nuevas vocaciones y algunas exploraciones existenciales.

Cuando empezaron los años noventa me encontré de cara con un interrogante al que me enfrentaba con todas las letras: ¿Había otras formas posibles de vivir como varón en esta sociedad y en esta cultura que no exigieran pobreza afectiva, abandono de ilusiones, aislamiento emocional, productivismo a destajo, pérdida del contacto real con otros hombres, desencuentro con las mujeres, alarmantes síntomas orgánicos y, finalmente, estrés, desencanto y, sobre todo, silencio?

Con mis propias herramientas profesionales (la escritura), intelectuales (lecturas, investigación) y vivenciales inicié la búsqueda de respuestas. Me enteré de que otros hombres lo habían empezado a hacer en otros lugares (Estados Unidos, España, Canadá) y comencé a encontrarme con algunos que lo hacían en Argentina. Sam Keen (acaso el más lúcido y profundo entre estos pioneros) dice que en la vida de todo hombre hay un momento en que se imponen dos preguntas: ¿adónde voy? y ¿quién me acompaña? Nunca, advierte Keen, hay que invertir el orden de las preguntas. De lo contrario te verás en serios problemas.

Ahí estaba yo y mis dos preguntas. Sabía en qué dirección me proponía marchar. Los compañeros de camino empezaron a aparecer. Nunca nadie es el único exponente de una búsqueda. Somos sólo emergentes y nuestra tarea es ir al encuentro de los demás. Saberlo nos aleja de la soledad y nos acerca a la esperanza.

En 1990 salí a ese encuentro a través de la convocatoria de grupos de hombres para buscar juntos las respuestas. No fueron encuentros fáciles, pero resultaron posibles (en el apéndice de esta nueva edición incluyo un relato sobre el nacimiento y la evolución de los grupos de hombres que coordino). Un par de años más tarde creí necesario dejar constancia de las primeras reflexiones nacidas al calor de esas búsquedas y de esos encuentros. Así nació Esta noche no, querida.

Han pasado varios años desde entonces. El libro ha vivido una vida fecunda. Muchos hombres nos hemos conocido a través de él. Gracias a esos encuentros, gracias a los grupos que nacieron y crecieron en ese tiempo, siento que hoy podría escribirlo de forma diferente, robustecer algunas de sus ideas y argumentos, ser más profundo y exhaustivo en otros. Hay conceptos y certezas que nacieron después de aquella primera edición. Pero muchos de ellos están en artículos que he escrito, en charlas y seminarios que he dictado, en otros libros que he publicado después (Hombres en la dulce espera, Hacia una paternidad creativa y Guía del hombre divorciado,[1] entre ellos). He decidido, finalmente, no tocar el texto original de Esta noche no, querida por-

---

[1]. Todos ellos publicados por Ediciones del Nuevo Extremo, Buenos Aires.

que, aun con las debilidades que hoy pudiera tener, siento que conserva y refleja con honestidad la fuerza, la esperanza y la urgencia de aquel comienzo. Hoy quiero volver a ofrecer este libro como un punto de encuentro para los hombres que nos proponemos reivindicar y rescatar los significados más profundos de nuestra auténtica masculinidad. En mi vida, *Esta noche no, querida* señala el pasaje de los debuts solitarios a la era de los estrenos masculinos colectivos. Especialmente el de una vida como hombre que esté cargada de sentido.

En esta nueva edición, *Esta noche no, querida* incluye tres elementos nuevos. Uno es este prólogo, que sentí necesario. Otro, un apéndice en el que sintetizo mis experiencias y comprobaciones en el trabajo con los grupos de hombres. Y el tercero es un profundo agradecimiento a cada uno de los hombres con los que he caminado en estos años —a través de grupos, charlas, encuentros individuales, conferencias, etc.– hacia nuestro destino común. Cada uno de ellos es para mí un compañero, un hermano y un maestro.

1. Hombres pariéndose a sí mismos

Hasta que empezaron los años sesenta, todo estaba tranquilo. Se podía tomar café o jugar al billar con los amigos. La carne parecía no tener colesterol y, si lo tenía, no importaba. El cigarrillo era cosa de hombres y, aparentemente, su relación con el cáncer resultaba lejana. Las mujeres intervenían poco en los negocios y nada en la política. Los campeonatos de fútbol duraban de marzo a diciembre, jugaban todos contra todos en dos rondas y era campeón el que salía primero. Los jugadores podían llegar a nacer y morir con la misma camiseta y, además, eran propiedad de los clubes y no de intermediarios rapiñadores. El sida no existía ni en las peores novelas de ciencia-ficción y las enfermedades venéreas estaban en lenta retirada. Las putas eran de fiar en caso de iniciación y los padres podían despreocuparse del tema. Un coche era, casi, para toda la vida. Todavía se rodaban westerns. Muchos entuertos se zanjaban a puñetazos y no se enteraba nadie más que los involucrados. En el barbero no había ninguna muchacha encargada de hacer la manicura. Los bailes y fiestas empezaban a las diez de la noche. Se podía, todavía, bailar pegados y apretados y, por último, las mujeres no danzaban entre ellas. Pocas mujeres conducían automóviles. La memoria colectiva sabrá recuperar otros vestigios. Lo cierto es que todo estaba tranquilo. Cualquier hombre mayor y con buena memoria puede atestiguarlo.

Pero de pronto pasó algo. Los tiempos históricos empezaron a acortarse y los fenómenos sociales a acelerarse. Primero fue la revolución sexual y, como una consecuencia inevitable de eso, el fortalecimiento e incremento de los movimientos de «liberación femenina». Las mujeres empezaron a discutir su papel en la sociedad, en la pareja, en la familia, y a luchar por sus derechos laborales, individuales, políticos, económicos, sociales, sexuales... A fuerza de insistir, discutir, polemizar, exigir, pedir o luchar fueron consiguiendo cambios notorios en su situación individual y colectiva.

Este movimiento fue tan fuerte y generó tanto compromiso en aquellos que militaron en él o entre los que lo acompañaron de cerca, tanta influencia tuvo en la cultura contemporánea (entiendo por cultura todo, desde la política hasta el comportamiento), que terminó por producir un doble fenómeno: mientras las mujeres tomaban nuevas posiciones, los hombres se desorientaban. Ante el terremoto, muchos —muchísimos— hombres buscaron refugio en lo que creyeron el lugar más seguro: las oscuras, ancestrales catacumbas del machismo. Lo reverdecieron, lo reivindicaron, lo fortalecieron. En algo que percibían como de vida o muerte, sintieron que ésa era su tabla de salvación. Otros hombres —también muy numerosos, con más sensibilidad hacia lo social y hacia sus propios sentimientos— se dijeron que aquella era la oportunidad de participar en el reajuste de mecanismos de poder que habían funcionado de una manera injusta y desigual, y adoptaron las banderas de las mujeres. Quizá por una apuesta por el voluntarismo no discriminado, por culpas laboriosamente acumuladas o por necesidad de aprobación, terminaron por hacerse «feministas».

La silla sin ocupar
Entre estas dos reacciones masculinas quedó un vasto campo despoblado, una silla sin ocupar: la de la masculinidad. Esa bre-

cha es, precisamente, la que existe entre el machismo nostálgico y el feminismo recalcitrante. Al plantearse la relación entre los sexos como una guerra —abonada, como todas las guerras, por los oportunistas, los autoritarios, los descalificadores, los intolerantes, los poderosos— quedó poco espacio para advertir que los hombres y las mujeres son diferentes, y que sus diferencias no se borran con el sometimiento de las unas a los otros o con la mimetización de los otros en las unas.

Hay características fisiológicas, diferencias biológicas, hay sentimientos que se expresan de manera diferente, hay expectativas vitales, formas de hablar, maneras de amar, necesidades afectivas y físicas que no coinciden —y que jamás podrán coincidir— entre las mujeres y los hombres. Hay modelos distintos que corresponden a mandatos, a exigencias, a expectativas y a impulsos que difieren. No bastan la buena voluntad, las declaraciones de principios ni el despliegue de intenciones para salvar esas diferencias. No sólo no bastan, sino que generalmente sólo contribuyen a aumentar los malos entendidos, la confusión, el enfrentamiento. Lo diferente no alude a una línea que divide lo bueno de lo malo. Hemos sido educados para calificar y descalificar, nos cuesta discriminar, aceptar e integrar. Cuanto más nos cuesta, más sufrimos, menos captación tenemos de lo que nos pasa y más nos intoxicamos con la queja, la insatisfacción, la frustración; más nos acercamos, en fin, a la infelicidad. Cuando en realidad, como hombres o como mujeres, lo menos que nos merecemos —sin duda— es una porción de la tarta de la felicidad.

Las diferencias en sí no son negativas ni amenazadoras. Hay día y noche, cielo y tierra, calma y tempestad, luna y sol, negro y blanco, tristeza y alegría, etcétera. Si podemos reconocer cada cosa es porque existe su opuesto. Intentemos imaginar el día sin la noche o cualquier cosa de las que existen, sin su opuesto. Es imposible. Bien: pues hay hombres y mujeres. Es inimaginable el uno sin el otro. Pero el sólo hecho de existir no los define ni los identifica. Al menos no de la manera en que hemos estado viviendo y relacionándonos, buscando más el sometimiento o la eliminación que la complementación y el encuentro.

La categoría «mujer» ha sido lo suficientemente analizada, estudiada, descrita, comprendida y explicada durante las dos últimas décadas. Mientras tanto, el modelo «hombre» quedaba apresado entre viejos mandatos y nuevas dudas. Las generaciones de hombres mayores se atrincheraron en lo conocido: en casa mando yo, trabajo y proveo el sustento, las tareas de fuerza me corresponden, yo fijo la moral de mi hogar, yo decido el futuro de mis hijos, yo salgo a competir con los de fuera, etc. Los que vivimos nuestra adolescencia en los años sesenta, y los que vinieron detrás, nos encontramos con menos certezas. Aquel modelo no nos pareció tan indiscutible —muchas cosas estaban cambiando en el mundo y en las relaciones humanas—, pero nadie nos enseñaba ni nos proponía, todavía, un modelo distinto. No sólo diferente; también propio. Es decir, basado en los rasgos que identifican la masculinidad. Las primeras alternativas que aparecieron —al calor de los movimientos de las mujeres y de su onda expansiva— fueron «modelos femeninos de lo masculino».

Eran modelos que nos proponían desarrollar nuestra sensibilidad a la manera de las mujeres: ser capaces de las tareas que ellas hacen para —sencillamente— intercambiarnos, travestirnos. Nos proponían guardar en el cajón de las cosas subestimadas algunas de nuestras características —como la fuerza física, el silencio, la racionalidad, etc.—, en lugar de buscar nuevas formas, fecundas y creativas, de ejercerlas en función de un crecimiento personal.

Lo cierto es que hay una forma de vivir la masculinidad —sentimentalmente acorazados, inmunes al romanticismo, feroces en la competencia, invulnerables en lo físico, inflexibles con los hijos, avasalladores con las mujeres— que empieza a mostrar fisuras, que genera más inquietud que seguridad. Y genera síntomas. El doctor Frank Pittman, un prestigioso psicólogo sistémico estadounidense que trabaja desde hace tres décadas con hombres víctimas de esta «mística masculina», escribe: «Algo no va bien en los hombres. En número creciente y alarmante beben hasta enfermar, toman drogas (incluso en el ámbito laboral), trabajan hasta matarse, abandonan sus hogares, disuelven sus matrimonios, tienen crisis incomprensibles que a veces terminan en accidentes, muertes o crímenes. Muchos de los supervivientes sienten —más allá de su aparente éxito profesional, económico o laboral— que están solos, aislados de otros hombres, marginados de sus familias, mientras derrochan sus vidas en tareas sin sentido, con muy poca comprensión de quiénes son y de cuál es el significado de estar vivos. La masculinidad en nuestros días se ha convertido en un problema, no sólo para los hombres que empeñan sus vidas en luchas a muerte con sus exigencias, sino también para aquellos que comparten el mundo con ellos».

Pittman no hace concesiones en su realismo. Llama por su nombre a cosas que muchos hombres padecen o temen pero que no se atreven ni a susurrar, ni siquiera a solas.

Los que vuelven a nacer

Como varones, nadie nos enseña cuál es el camino por el cual se sale del pantano, por qué sendero dejaremos de ser «machos» para hacernos «hombres». Nadie puede, por otra parte, ayudarnos sino nosotros mismos.

Y ocurre que, más allá de la trampa en que nos hemos ido y nos han ido encerrando generación tras generación, los varones no somos ni un género en extinción ni una especie de suicidas. Como humanos, nos impulsa el sentido de la vida. Entonces empezamos a buscar cómo emerger para renacer en otras condiciones.

Particularmente comencé a trabajar hace un tiempo en la convocatoria y coordinación de grupos de hombres dispuestos a revisar el modelo, dispuestos a encarar una «recuperación emocional» a partir del descubrimiento de los propios y auténticos recursos, a la activación de éstos y, como consecuencia, a una redimensión de la noción de sí mismos. Es un camino y una propuesta. Hay otros hombres trabajando en la misma dirección. Estamos, todos, en la tarea de convertirnos en *parteros de nosotros mismos*. El nacimiento de cada uno de esos grupos, el proceso de identificación de cada hombre dentro de ese contexto, son fuentes de una intensa emoción, son el reconocimiento de una fraternidad y una solidaridad que los hombres tenemos y de las que somos capaces, pero de las que fuimos separados y alejados. No hay fórmulas para esto. No hay un modelo de hombre: *hay hombres*. Cada uno de nosotros es un hombre original y único, el mejor que puede llegar a ser. Cuando nos enseñan a ser machos nos niegan esto, nos han despojado de nuestra verdadera identidad durante demasiado tiempo.

Nacer es maravilloso, pero no es fácil. En nuestro caso, los varones debemos emerger bajo toneladas prejuicios, de mandatos arraigados, de expectativas del coro social (incluidos otros hombres y muchas mujeres); debemos desempolvar nuestro miedo, aceptarlo y empuñarlo. No son fáciles los senderos, pero cada vez somos más los hombres que avanzamos por ellos a distintos ritmos, con pasos más firmes o más vacilantes. Pero vamos apareciendo. Las cabecitas asoman en el horizonte. Un lejano ruido de tambores las precede.

Hace algunos años, un poeta norteamericano llamado Robert Bly —que tenía entonces cincuenta y tres años y era ganador del Premio Pulitzer— descubrió, tras el fracaso de un matrimonio de tres décadas, que su vida como hombre había participado del mismo equívoco que la de millones de congéneres. Él es hijo de un padre alcohólico que les abandonó y, como tantos hombres, empezó a buscar nuevos horizontes. Inició un movimiento que llamó del «hombre natural» y propuso la búsqueda de los orígenes perdidos de la masculinidad. Un intento de recuperar ciertas características masculinas, como el contacto con la naturaleza, el empleo del cuerpo, la vivencia de emociones profundas, el replanteamiento de la paternidad, la revisión de la relación con las mujeres y con lo femenino, la recuperación creativa del espíritu aventurero, la reivindicación del contacto físico entre los hombres (ése que a veces se teme hasta con los hijos), la revalorización de ciertos códigos de ética y amistad que han sido adulterados, un nuevo planteamiento de la relación con el trabajo, etc. Bly reunía a un grupo de hombres, se iba con ellos un fin de semana a un bosque y allí ponía en práctica formas *vivenciales* (ejercicios, trabajos, juegos, experiencias) de sus propuestas. En un principio no más de una docena de hombres se acercaba: iban anónimos, temerosos, casi clandestinos, y eran objeto de burla. Bly no cejó; sabía que araba un campo virgen. Hoy el movimiento del «hombre natural» congrega a decenas de miles de varones de toda condición social, origen laboral e intelectual. Por supuesto, el fenómeno no le pertenece a él. Bly ha sido un emergente, un detector de algo que estaba anunciándose bajo la piel de la sociedad occidental. Con otras características, con la originalidad de cada caso, la experiencia se repite a lo largo y a lo ancho del mundo. Aún no lo es, pero hay razones para pensar que el replanteamiento de la masculinidad resultará el fenómeno social que, en breve, será lo que fue la revolución sexual en los sesenta y la liberación femenina en los setenta y buena parte de los ochenta. Por otra parte, si así no ocurriera, la forma que aquellos movimientos empezaron a dibujar nunca se completaría y acaso habrían ocurrido en vano.

A pesar de que nacer es maravilloso, no siempre se nace entre algodones y caricias. Hay quienes critican o se burlan de los hombres que pujan por parirse. Los críticos, los descalificadores, suelen ser hombres que se aferran patéticamente a su machismo. Creen que el hecho de que se vayan estrechando los márgenes para ejercerlo y para sacar ventajas de él es «culpa» de estos hombres que eligen cambiar, se sienten traicionados por estos «desertores». Se asustan. Si ya no sirven los códigos de la prepotencia, del no sentir, de la brutalidad, de la agresividad destructiva, ¿cómo sobrevivirán? Sin flexibilidad, sin plasticidad, rígidos, incapaces de indagar en sí mismos, hacen lo único que saben: sacan las garras y atacan, como los animales asustados. Sólo que esta vez corren el riesgo de herirse de muerte a sí mismos.

También critican y se burlan algunas mujeres para las cuales, en el fondo –y no tanto– el modelo machista ha funcionado bien, les ha servido para obtener ventajas propias, pequeñas, miserables y egoístas: ser mantenidas, tener a alguien a quien manipular, no involucrar *ellas* sus sentimientos verdaderos, no revisar su propia, empobrecida sexualidad. También ellas están asustadas. Hombres que se discriminen y se identifiquen como personas íntegras, hombres conectados con su sensibilidad, les obligarán a replantearse a sí mismas, a salir del parasitismo emocional. Ante eso, las mujeres descalifican, sólo que al hacerlo se descalifican a sí mismas, marginándose de la posibilidad de un encuentro.

Por último, las líneas «duras» del feminismo también critican y miran peyorativamente el movimiento de los hombres. Como todo tiene su otra cara, lo mismo ocurre con el machismo. Estas formas de feminismo son su contrapartida. Todo lo que parecen desear es ese poder que critican. El problema con el poder es que no lo ejercen ellas. La propuesta de una nueva relación entre los sexos, auténtica y transparente, está reemplazada en sus postulados por la noción de guerra, pelea, enfrentamiento. Finalmente consiguen exhibir algo de su aparente opuesto: la incapacidad emocional.

Este libro no ha sido escrito, por supuesto, para esos hombres ni para esas mujeres. Ha sido elaborado desde la profundidad de las *vivencias* de lo masculino. No propone fórmulas de ningún tipo, porque los varones hemos crecido marcados por fórmulas. Incluso me resisto a hablar de «nueva masculinidad». No sé si existe una masculinidad «nueva»; tiendo a creer que no. Temo que la propuesta de una «nueva masculinidad» no sea sino la proposición de otro modelo más y el reemplazo de las viejas exigencias por otras tras las cuales tenemos que correr. Algo como lo que ocurrió con las mujeres cuando se las «liberó» de las prohibiciones sexuales requiriéndoles, en cambio, que tuvieran orgasmos en serie bajo la sospecha implícita de que, en caso contrario, no estarían a la altura de los cambios. Me inclino a pensar que hay ejes de la masculinidad que son ancestrales y eternos y que están conectados a la condición de lo humano. Lo que ha ocurrido con ellos es que, en el devenir social y cultural, fueron ocultados, desvirtuados, transmitidos mediante mensajes tramposos. Pero están aquí, en el fondo de nuestros corazones, de nuestra alma, de nuestro existir. Siempre estuvieron. Son parte de nuestros recursos. Tenemos la posibilidad y la oportunidad de redescubrirlos y de apropiarnos de ellos. Nos pertenecen, tenemos derecho a usarlos por ser personas y por ser varones, son herramientas para procurarnos una vida mejor.

Este libro tampoco tiene ideas definitivas ni verdades reveladas. Está amasado con una materia prima que considero más valiosa que aquello: con la observación, con la percepción, con la descripción, con preguntas, con sentimientos, con experiencias, con dudas.

Lo que este libro se propone es comenzar a dar forma a elementos que están presentes pero dispersos en el fondo del paisaje en que vivimos. Esa forma se completa con cada lectura de cada lector. Cada uno completará la forma y eso, inmediatamente, habrá modificado el escenario. Estará abierta, en ese mismo instante, la posibilidad de descubrir y crear nuevas figuras y nuevos fondos sobre los cuales se conforma la cuestión de la identidad masculina.

Este libro, en definitiva, se cierra en su última página sólo para volver a abrirse en mí como una necesidad de seguir indagando en un tema que significa investigar en mi propia identidad. E imagino que volverá a abrirse en los ecos o las resonancias que provoque en cada lector. Este libro, como son los libros, es —en definitiva— una botella con un mensaje, tirado desde mí hacia el mar en que vivimos. Será el mismo y será distinto en cada caso. Se podrá configurar una y mil veces hasta que llegue el próximo.

DIEZ IDEAS PARA RECORDAR

1. Hasta principios de los años sesenta el modelo masculino tradicional funcionó sin mayores cuestionamientos.

2. Los años sesenta trajeron la revolución sexual y los setenta el comienzo de los movimientos de liberación femenina. Entonces el modelo masculino empezó a verse en crisis.

3. Como respuesta, algunos hombres se refugiaron en un machismo acentuado, y otros, más progresistas, tomaron las banderas femeninas.

4. Como alternativa de cambio apareció un modelo femenino de lo masculino.

5. Entre el machismo nostálgico y el feminismo recalcitrante quedó un amplio campo desierto: el de la auténtica masculinidad.

6. Poco a poco, los hombres empezaron una búsqueda de alternativas. En un principio, hace pocos años, eran escasos, temerosos y casi clandestinos. Hoy se congregan en grupos crecientes.

7. Los machistas (porque pierden poder), algunas mujeres (porque se beneficiaban del machismo siendo mantenidas y sin cuestionarse su afectividad y su sexualidad) y grupos feministas «duros» (porque quieren el poder de los hombres pero no las relaciones plenas entre los dos sexos) se burlan del proceso masculino y lo critican.

8. Los hombres y las mujeres somos diferentes. Esto no es bueno ni malo. Es. El primer paso para definir la propia identidad es aceptar al otro, discriminar lo propio e integrarse desde lo diferente.

9. Antes de hablar de «nueva masculinidad», importa rescatar, reivindicar y redimensionar los elementos eternos de la masculinidad (que están en nosotros como hombres y como personas) desvirtuados y adulterados por los mandatos sociales y culturales. La «nueva masculinidad» corre el riesgo de proponer cambiar una serie de exigencias «viejas» por otras de tono superador. Pero exigencias al fin.

10. Redescubrir nuestro propio potencial masculino dejando de ser machos para pasar a ser varones pasa por utilizar esos recursos, que nos pertenecen, en función del crecimiento personal y de una mayor comprensión de cada uno.

2. Los modelos: casas prefabricadas

Este capítulo le resultará más provechoso si lo lee con un papel y un lápiz al alcance de la mano. Si usted es mujer, anote la siguiente pregunta como encabezamiento de la hoja: ¿qué cosas tiene derecho a esperar una mujer de un hombre? Y, si es hombre, anote este interrogante: ¿qué cosas debe proporcionar un hombre a una mujer? Ahora tómese diez minutos y anote todo aquello que, sea cual sea su caso, se le ocurra. Hágalo sin pausa, sin pensar demasiado, dejando fluir las palabras. No emita juicios, no prejuzgue, libérese de la autocensura. Simplemente anote, anote, anote.

Hace ya un tiempo que vengo trabajando –junto con el psicólogo Daniel Santinelli– en la coordinación de grupos de hombres y de grupos mixtos dedicados a investigar la cuestión de los vínculos y, especialmente, a desentrañar los mecanismos, mitos y misterios de la identidad masculina.

Hemos propuesto este trabajo en algunas ocasiones a los participantes de esos grupos. De modo sumario, y para nada abarcador, voy a reproducir a continuación algunas de las cosas que se repiten con mayor frecuencia.

- *Las mujeres sienten el derecho a esperar de los hombres:*
  Compromiso, compañerismo, fidelidad, ternura, pasión, estabilidad, protección, comprensión, apoyo, comunicación, solidaridad, sensibilidad, manifestación de las emociones, sin-

ceridad, honestidad, entendimiento, diálogo, tolerancia, sentido del humor, creatividad, reciprocidad, generosidad, apertura, libertad, sorpresa, respeto.

- *Los hombres sienten el deber de proporcionar a las mujeres:*
Seguridad, protección, paciencia, dinero, hijos, amistad, distracción, un hogar, confiabilidad, respeto, compañerismo, apoyo, contención, un futuro, presencia, seducción, estímulos y —una y otra vez— sexo, sexo, sexo.

No es casual que, en este recuento, aparezcan más cosas en la lista femenina que en la masculina. Resulta habitual, cuando proponemos este ejercicio, que las mujeres empiecen a anotar de inmediato y continúen sin pausas. Los hombres bromean, se distraen, dan rodeos y, por fin, entregan listas más cortas. Usted ahora puede cotejar sus propias anotaciones con la síntesis que he hecho más arriba. Seguramente no encontrará diferencias sustanciales entre su lista y la de sus congéneres.

Ahora es el momento en que cabe formular otras dos preguntas. A ellas: el hecho de ser mujer, ¿te obliga a pedir algo? A ellos: el hecho de ser hombre, ¿te obliga a proporcionar algo? Estos dos interrogantes tienen como propósito mostrar la alevosía con que fueron formulados los primeros. Nunca, en mi experiencia, he encontrado a alguien que cuestione su propio derecho a pedir, si es mujer, o su deber de proveer, si es hombre. Esto denuncia uno de los mitos que nos inculcan, con los cuales crecemos y nos manejamos: según ese mito, las mujeres reciben y los hombres dan.

Y, más allá de eso, resulta revelador cómo, al comparar las dos listas, casi todas las expectativas relacionadas con lo afectivo, lo sensible, lo espiritual, lo abstracto aparecen en las enumeraciones femeninas. Los deberes que los hombres se atribuyen corresponden al campo de lo corpóreo, lo material, lo racional, lo físico. Ambas listas son, en realidad, las dos caras de una misma moneda. La de nuestras creencias, nuestros prejuicios, nuestra mitología. La de las exigencias que nos hacemos y las que hacemos al otro. Las mujeres esperan de los varones cosas que, tomadas por separado, no son sino bellas y loables. Si cumpliéramos con lo que ellas esperan de nosotros, terminaríamos por ser hombres sensibles, tiernos, atentos, dulces, encantadores. Y encantados, como príncipes azules. ¿Cómo no cumplir, además, si se trata de una enumeración de virtudes que cualquiera querría para sí?

Ellas, por su parte, se obligan a encontrar a los hombres —o al hombre— que encarnen las características de la petición. Si no lo encuentran acabarán al borde de un ataque de nervios: «¿Es que no hay hombres así?», se preguntará cada una de ellas. «¿O es que yo no sé encontrarlos?»

Los varones, por nuestra parte, nos obligamos a hacer todas esas cosas de la lista que —quién lo duda— son lo mínimo que se puede ofrecer a una mujer. No importa si ella las necesita o no. No se trata de una costumbre masculina muy difundida la de mirar a la dama que uno tiene enfrente. Y exigiremos, además, que eso nos sea reconocido. No poder proveer de ese conjunto de seguridades nos hará sentir fracasados en algún lugar de nuestra masculinidad. Y también hiere nuestra autoestima el encuentro con una mujer que no necesita eso que nosotros *debemos* proporcionarle. Así hemos crecido, nos hemos desarrollado y hemos establecido nuestros vínculos a lo largo de sucesivas generaciones.

Ciegos en la tormenta

Las preguntas con las que se inicia este capítulo apuntan directamente a la cuestión de los modelos que tenemos metidos dentro, ésos con los que nos educan –la familia, la escuela, la sociedad–. Ésos según los cuales tanto los varones como las mujeres nos construimos creencias sólidas, blindadas y muy enraizadas acerca de cómo es un hombre y de cómo es una mujer. Nos hacemos a la mar de la vida embarcados en esas creencias y somos capaces hasta de perecer en un temporal simplemente por no abandonarlas. *Se es* hombre y *se es* mujer de una determinada manera, nos decimos (nos han dicho). Y no parece haber otra forma, así como tampoco el espacio para considerar su posibilidad de ensayar algo distinto.

Sin embargo, las preguntas fundacionales de este capítulo no sólo se proponen describir los modelos a través de las respuestas recibidas, sino *denunciarlos*. Así como las vivimos, esas formas de ser mujer y de ser hombre sólo consiguen alejarnos de la integración de nuestras diferencias y, por lo tanto, de un encuentro más pleno y más feliz. Estos modelos que –en una ilustrativa simplificación– muestran a unos fuertes, invulnerables y activos y exhiben a las otras como suaves, receptivas, sensibles, frágiles, intuitivas, cariñosas, tolerantes y compañeras son trajes prefabricados que, en definitiva, ciegan, asfixian, entorpecen la relación y, en el caso de los hombres, enferman y matan.

Desde que nacemos nos inculcan estos modelos. Desde que nos regalan los primeros juguetes (muñecas y ositos para unas, coches y pistolas para otros), desde que nos leen los primeros cuentos (de bellas durmientes y de príncipes valientes) nos empiezan a decir cómo *deberemos* ser para responder a lo que la naturaleza nos designó. Después iremos viendo, escuchando, participando de la forja de ese designio, y en ese camino se nos perderá la posibilidad de discernir, de *discriminar* qué es propio de cada uno de nosotros, cuáles de esas cosas pertenecen a nuestro deseo y cuáles a los mandatos que, si son desoídos, nos marginarán de nuestra condición.

Así nos formamos, sobre la base de una generalización: un hombre *es*... Una mujer *es*... Cada uno de nosotros sabe llenar muy bien los puntos suspensivos sobre la base de las consignas que nos han inyectado. Lo que perdemos progresivamente es la capacidad y la posibilidad de *ver* al otro. No hay tal *otro* delante de mí. Lo que hay —según esta modalidad— es, simplemente, alguien que viene a (o que *debe*) cumplir con mis necesidades. Entonces las mujeres necesitan hombres protectores, poderosos, racionales, conocedores, potentes. Y los hombres necesitamos mujeres cariñosas, sensuales, receptoras, sensibles, comprensivas, permisivas, fecundas. Y salimos al mundo —los unos y las otras— con estas ideas preconcebidas a la búsqueda del cuerpo que los habite o, mejor, que los llene. Bien o mal, mejor o peor, pero que los llene.

La necesidad de cada uno de los sexos se convierte, de esta manera, en una trampa. No hay *una* mujer determinada delante de mí o *un* hombre específico delante de ti. Están *las mujeres* y están *los hombres*. Y quien se ubica frente a mí es alguien ante quien voy a ejercitar mi modelo y de quien espero (exijo) que cumpla con el suyo. Las revistas, los programas de televisión, las tertulias de la radio, las encuestas se encargan permanentemente de reforzar estos modelos con su típico planteamiento: ¿Qué esperan las mujeres de los hombres de hoy? Lo más frecuente es plantearlo así, desde la (supuesta) necesidad femenina. Esto es producto de los fenómenos sociales de las últimas tres décadas, entre los cuales —principalmente— la revolución sexual y los movimientos de liberación femenina pusieron los reflectores sobre el replanteamiento de los usos y costumbres que definían el lugar de la mujer en la sociedad. Tanto habían predominado durante generaciones algunos rasgos del modelo masculino (el liderazgo, la efectividad, la autoridad) y tanto se habían proyectado hacia lo social que, como respuesta, surgieron estos dos fenómenos y ambos produjeron, como consecuencia más notable, modificaciones de las actitudes femeninas en la intimidad de las alcobas y en los espacios públicos de la sociedad. Puede decirse que, en ciertos aspectos, empezó a denotarse un protagonismo femenino. Producto de él es, en mi opinión, esta preocupación por la necesidad de las mujeres. Y el planteamiento encierra por lo menos dos malentendidos. En primer lugar, refuerza e insiste en el concepto de que hay necesidades de uno mismo que son responsabilidades del otro. Y, en segundo término, casi da por sentado que los hombres no necesitan nada, con lo cual refuerza una vieja creencia nociva.

Cuando se insiste una y otra vez —como se hace en los medios de comunicación y, simultáneamente, en las conversaciones y planteamientos de grupo y personales— en las necesidades y expectativas que las mujeres tienen respecto de los hombres, aparece el eco de un refrán popular: *el que espera, desespera*. Retomo el concepto de la necesidad como un traje que preexiste respecto de quien lo va a usar. El que necesita algo de alguien lo espera (esto está más allá de la voluntad o de la conciencia), y si una se espera eso, además, de alguien anónimo (los hombres) corre el riesgo de no encontrar la horma de su zapato. La necesidad predeterminada obliga al supuesto encargado de satisfacerla a ser de una manera también determinada. Por ejemplo, protector. O fuerte, o tierno, o lo que sea que se necesite de acuerdo con lo diseñado por los modelos. Pero ocurre que

nadie, ningún ser viviente, es de *una* manera. Vamos siendo todo el tiempo, en eso consiste existir, en *actualizarnos* en cada momento de nuestro presente. Vivimos en nuestro presente, aquí y ahora, y cada vez manifestamos algo de la infinita riqueza de nuestra condición de organismo viviente: la ternura y la dureza, la agresión y el amor, la fragilidad y la fortaleza, la bondad y la maldad, la sabiduría y la ignorancia, la intuición y la razón, la potencia y la impotencia, el deseo y el rechazo. Son tantas nuestras polaridades y sus matices que pretender de cualquier *otro* que encaje en un casillero es sembrar la semilla de la desilusión y la frustración. El *otro* es *otro* con todas esas cosas. Como yo soy *yo* con todas esas cosas. Si empiezo por reconocer esto, por *reconocerme* y por *discriminarme*, seguramente llegaré en algún momento de mi vida (en mi momento y a mi ritmo) a una maravillosa conclusión: *lo que necesito está en mí*.

El traslado de esta conclusión al tema de los hombres y las mujeres puede traducirse de esta manera: si las mujeres *necesitan* a los hombres, su necesidad permanecerá eternamente insatisfecha, porque nosotros no tenemos eso que ellas demandan. Más concretamente, ninguno de nosotros, los varones, tomado en su individualidad única e irrepetible, tiene lo que necesita cada una de las mujeres, tomadas a su vez en su individualidad única e irrepetible. Esto se debe a que cada ser humano es así: único e irrepetible. Cada vez que una mujer espera, que desespera y que se frustra, llega a una conclusión luego repetida por todo el coro femenino. Es esa que dice: *todos los hombres son iguales* (la parte que no se escucha señala: *ningún hombre tiene lo que yo necesito*).

La debilidad de los héroes

Frente a la demanda insatisfecha de las mujeres, estamos los hombres. Alejandro Dolina —el filósofo de Flores— sostuvo alguna vez que todo, absolutamente todo lo que los hombres hacen y han hecho a lo largo de la historia tiene un solo objetivo: «ligar con tías». ¿Es esto un chiste, una ironía, un pensamiento ingenioso? Es algo más que eso. El doctor Frank Pittman dice en un ensayo publicado en Argentina por la revista *Persona*: «Necesitamos a las mujeres por muchas razones: para que nos cuiden, para que sean las madres de nuestros hijos, para que nos ubiquen en la realidad. Una vez que nos quitamos de encima la carga de nuestra propia virginidad, realmente no necesitamos a las mujeres para el sexo. *Principalmente las necesitamos para afirmar nuestra masculinidad.* Ellas pueden ayudarnos a eso respondiendo sexualmente, asegurándonos que somos fuertes y poderosos y amándonos y alimentándonos como recompensa por ser suficientemente masculinos».

Si nos han dicho e inculcado que los varones somos fuertes, invulnerables, resistentes («los hombres no lloran»), la conclusión lógica es que no somos nosotros los que necesitamos protección, refugio, provisiones, apoyo. ¿Ante quiénes hemos de desempeñar, entonces, nuestro rol de proveedores, protectores y demás características? Ante las mujeres, por supuesto. Las necesitamos, entonces, para eso, para que nos completen, para que nos devuelvan el reflejo de nuestra identidad. Pero ocurre aquí lo mismo que les pasa a ellas. Ninguna mujer nos admirará lo suficiente, ninguna estará lo suficientemente desprotegida para nosotros. Bastará con que una sola vez, en una sola cosa, no nos necesite para que nuestra masculinidad —tal como nos la enseñaron— esté en peligro o aparezca puesta en duda. Sin embargo, no es ésa una razón suficiente para desertar del modelo. Estamos rodeados de los demás hombres, y cualquier signo de debilidad puede ser usado por ellos en esta competencia permanente por el poder, por sobrevivir, por vencer.

Los dos modelos —el femenino y el masculino— se nos ofrecen insuficientes para integrarnos como personas. En cada uno de ellos, el *otro* (la otra persona), considerado como tal, como alguien que *no soy yo*, brilla por su ausencia. El *otro* no es quien es ni es como es. Si aparece ante mis ojos, no lo hace para ser aceptado en su condición, sino para ser como yo necesito que sea. Con estos modelos, los hombres y las mujeres sólo podemos relacionarnos no desde nuestras *identidades*, sino desde nuestras *necesidades*. Así se ha construido una larga historia de reproches, resentimientos, frustraciones, desilusiones, ansiedades que entran habitualmente de contrabando en el espacio del amor. Tomadas de manera colectiva forman parte de la cultura y del folclore amoroso que habitamos, protagonizamos y reproducimos. En el caso individual de cada uno de nosotros constituye nuestra historia amorosa. Una historia que *no necesariamente* estamos condenados a repetir para siempre.

Yo creo que el cambio de este modelo es más urgente en los hombres. Porque, en nosotros, las consecuencias son la enfermedad y la muerte. Si la desilusión y la insatisfacción son las consecuencias más aparentes de la trampa femenina, la de la masculina es la ruptura de nuestro ser. La palabra «ruptura» está escrita aquí en su sentido literal. A pesar de los mitos que sostienen nuestra condición, los hombres nos *rompemos* (ver el capítulo referido al cuerpo).

Si usted es hombre y repasa la lista que elaboró al principio de este capítulo, y si la compara con lo que otros varones priorizaron como deber masculino, le pido un instante de reflexión. ¿Se puede vivir en el cumplimiento permanente de ese «deber»? ¿Hay cuerpo que aguante? Y, sobre todo, ¿hay alma que aguante? Si a estas alturas de los vínculos humanos hay una verdadera necesidad masculina, no es la de conseguir una mujer a la que proteger y proveer, sino la de amigarnos con nuestras propias debilidades, con nuestra vulnerabilidad, con nuestras imposibilidades. En su libro ¿*Por qué los hombres ocultan sus sentimientos?*,[2] Steven Naifeh y Gregory White Smith —que no son psicólogos y que investigan desde su condición de varones sensibles— señalan al hombre cerrado en su modelo como a un actor que jamás abandona el escenario. Citan a un psicólogo que dice: «Los hombres aprenden a fingir. Deben fingir confianza en sí mismos cuando en realidad sienten pánico, conocimientos cuando no saben, interés cuando son indiferentes y (más aún) fingir un orgasmo cuando son incapaces de tenerlo». Después continúan los autores: «Los hombres simplemente suprimen o ignoran sus sentimientos y buscan en cambio demostrar la actitud apropiada. Un hombre no puede preguntarse a sí mismo: "¿Cómo me siento?". Debe preguntarse: "¿Cómo se supone que debo sentirme?"». Y rematan: «(...) La iniciación de un hombre nunca se termina; la virilidad nunca está totalmente ganada. La mayoría de los hombres vive en un estado de permanente incertidumbre sobre lo que significa ser un hombre y sobre si realmente vive a la altura de tal definición».

No es fácil salir del guión. Hay una familia, hay una pareja, hay padres, hay amigos, hay enemigos, hay otros que siempre están refrendando el modelo, devolviéndonos a él, cortando los caminos de salida. Y si bien es posible que, en apariencia, quedarse en el modelo y satisfacerlos a todos (dar seguridad a la familia, sexo a las mujeres, fuerza a los amigos, ferocidad a los enemigos y otros símbolos por el estilo) pueda proporcionar cierta estabilidad y solidez en lo externo, no es menos

---

2. Steven Naifeh y Gregory White Smith, *Why Can't Men Open Up?*, Random House Value Pub., Nueva York 1987.

LOS MODELOS: CASAS PREFABRICADAS

cierto que se trata de una fuente permanente de sufrimiento interior. Un sufrimiento que muchas veces cuesta discriminar, definir o tan sólo nombrar. Que a menudo toma la forma de un síntoma y, cuando tampoco así es escuchado, lisa y llanamente nos mata. A partir de cierta edad —la que hoy tengo yo, los cuarenta y pico, el mediodía de la vida— se *nos* empiezan a morir amigos y conocidos (y hasta enemigos y desconocidos, ¿por qué no?). No tenían por qué morir, según la lógica. Pero esa lógica que nos dice eso es, también, la que nos indica cómo «debe» ser un hombre. Si revisamos la vida de quienes se *nos* mueren —y digo *nos* porque los seres humanos somos organismos en nosotros mismos y parte, al mismo tiempo, de un organismo mayor, integrador— generalmente veremos que la muerte nunca es un exabrupto. En general morimos *de* nuestra propia vida, *como* nuestra propia vida. También a partir de cierta altura de nuestra vida nos encontramos con la muerte de los padres (los nuestros, los de un amigo), y al revisar la vida de los hombres de esa generación que se extingue, es posible encontrar —generalmente tarde— todo lo que no dijeron, lo que callaron, lo que no se permitieron, lo que se esforzaron, a lo que se obligaron, lo que no se dejaron sentir.

He experimentado en mi propio corazón y en mi propia piel la honda tristeza de amigos que sufrieron y sufren, lloraron y lloran la muerte de su padre. ¿Qué sufren y qué lloran? En cada uno y a su manera he podido escuchar el lamento porque han visto a sus padres víctimas de un modelo masculino que les privó de ricos, grandes y posibles espacios de felicidad. Algunos de estos hijos han llegado —y otros no— a decirles a sus padres que el amor estaba garantizado también sin el esfuerzo brutal que pusieron en ser los hombres que se esforzaron por ser. Hombres blindados.

Sus hijos —mis amigos, mis congéneres— han ganado algo respecto de aquellos padres. Han ganado la inquietud, el malestar consciente, la aspiración a un modelo diferente, la duda, el deseo. Esto no es, todavía, un modelo nuevo. Pero son algunos de los ingredientes que se empiezan a unir para amasar otra forma de ser hombre. Quizás a estos ingredientes sea necesario añadir el no. El primer no podría decirse como respuesta la próxima vez que alguien pregunte: «¿Qué cosas debe proporcionar un hombre a una mujer?». No a responder esa pregunta.

Del otro lado bien puede esgrimirse que la lista de cosas que las mujeres se consideran con derecho a esperar incluye una convocatoria a las zonas sensibles —y habitualmente ocultas— de los hombres. Esta lista incluye la expresión de sentimientos, el compañerismo, el diálogo, la ternura, etc. Pero no se construirá un modelo masculino integrador expresando todo eso como respuesta a una demanda femenina. Desde este punto de vista, es casi tan agobiante responder a las expectativas «renovadoras» como a las conservadoras. Siempre estará presente la exigencia de cumplir con un modelo predeterminado, aunque se trate de un «nuevo modelo». En este sentido, pienso que es arriesgado proponer —aunque sea con la más buena voluntad— nuevos modelos de masculinidad. Parece como si no se pudiera simplemente ser —o, mucho más, ir siendo— según el desarrollo de la propia vida. Parece como si hubiera que comportarse «de acuerdo con» ciertas reglas, y que hubiera algunas mejores, más progresistas que otras. Parece como si no cupiese el espacio de la propia discriminación, del propio conocimiento, de asomarse al interior de uno mismo para descubrirse único, original, irrepetible como persona y como hombre.

Esta noche no, querida. Esta noche no esperes de mí ningún modelo. Esta noche seré el que soy hoy. Mientras sea hoy. Mañana será otra noche. Y todavía no la he vivido.

DIEZ IDEAS PARA RECORDAR

1. Habitualmente las mujeres se sienten con derecho a esperar algo de los hombres y los hombres sienten el deber de dar algo a las mujeres.

2. Ni unos ni otros suelen cuestionar estos modelos aprendidos y reforzados desde la infancia. En principio es raro que digan sentirse sin deberes ni derechos inherentes a su condición.

3. Los hombres y las mujeres nos relacionamos con un fuerte acento puesto en nuestras necesidades y en nuestras expectativas.

4. Por lo tanto, no nos vemos los unos a los otros. Vemos generalizaciones: hombres y mujeres.

5. Cuando el hombre que una mujer tiene ante sí no cumple con las expectativas de ella, el que no ha cumplido pasa a ser *los hombres*. Y viceversa.

6. De esta manera, nos relacionamos de modelo a modelo y no de persona a persona. Esto incrementa las posibilidades de la repetición y de la frustración.

7. El sostenimiento del modelo, por la imposibilidad de salir de él, provoca en los hombres síntomas físicos, sufrimiento psíquico, enfermedad y también muerte.

8. De nuevo surge el riesgo de cambiar un modelo por otro sin alterar, como primer paso, el tipo de relación que nos vincula y sin empezar por un mayor conocimiento de sí mismo.

9. Si vivimos atados al modelo que nos inculcaron, habitamos una casa prefabricada y vestimos ropas preconfeccionadas.

10. Poder salir de esos esquemas incluye la necesidad de aprender a decir que no, previa discriminación de nuestros auténticos deseos y necesidades como individuos únicos e irrepetibles.

3. El cuerpo: división blindada

Los varones *sacamos pecho, ponemos el lomo, damos la cara, forzamos la máquina, tenemos en un puño, no damos el brazo a torcer, pisamos fuerte.* A los varones *nos cuesta un huevo, nos toca las pelotas, nos hacen sentir que nos han dado por el culo, nos la juegan por la espalda.* Los varones no aflojamos *aunque vengan cortando cabezas, le echamos huevos, no permitimos que nos toquen las narices, metemos la pata y, a veces, sentimos que se nos revuelven las tripas.* Eso cuando no *hacemos de tripas corazón* o *cerramos los ojos y tiramos p'adelante.* Aunque hay también muchas ocasiones en las que *nos quedamos con la mosca detrás de la oreja* por cosas que *nos patean el hígado.* Los varones *tenemos estómago* para aguantar muchas de las situaciones a las que nos enfrentamos en la vida, que a menudo son verdaderos *tragos amargos.* Pocas veces reconocemos que *se nos suben los huevos a la garganta* y, muchas menos, que *se nos parte el corazón.* En cambio, mostramos con orgullo aquellas cosas que *hacemos a brazo partido* o las que *nos cuestan sangre, sudor y lágrimas.* Los varones no *nos ponemos de rodillas,* y tenemos *espalda ancha* para cargar con lo que venga. Si avanzar se hace difícil, *nos abrimos camino a puñetazos* y muchas veces *nos mordemos la lengua* antes de que nos vean llorar o decir ciertas cosas. En otras palabras, *tenemos aguante,* no aflojamos, aunque eso signifique *ir de culo* por la vida.

Todas estas consignas, estas convicciones con las que crecemos, nos relacionamos y vivimos, son hijas, en realidad, de la madre de todas las creencias masculinas: la de que *a golpes se hacen los hombres.* De abuelos a padres y de padres a hijos esta certeza se ha transmitido durante generaciones. Las mujeres lo han visto con ojos diferentes y cambiantes: de aprobación, de estupor, de reprobación, de resignación, de diversión. No han faltado las madres que contribuyeron a instalar en sus hijos varones este modelo.

Se trata de un modelo basado en la disposición indiscriminada a *poner el cuerpo*. Así hemos crecido los varones durante generaciones: poniendo el cuerpo como si fuera el cuerpo de otro, como si no fuera nuestro, *como si no fuéramos nuestro cuerpo*. Lo hemos usado como herramienta, como coraza y, también, como mortaja. Lo hacemos fuerte (o eso creemos) y guardamos dentro de él nuestros temores y nuestros dolores, así como aquellos sentimientos que, de acuerdo con lo que nos han enseñado, no son masculinos. Los hombres —dicen las estadísticas— morimos más jóvenes que las mujeres. Estos datos corresponden no sólo a un país, sino a un espectro más amplio: el de nuestra cultura. Morimos de ataques cardíacos o enfermedades cardiovasculares en una proporción de seis a uno con respecto de las mujeres, si bien esta diferencia tiende lentamente a estrecharse en la medida que ellas acceden más a roles sociales y laborales habitualmente masculinos.

Haciéndose el despistado

La muerte se localiza geográficamente —por decirlo de algún modo— en el cuerpo. Pero somos nosotros, organismos integrales e indivisibles, los que morimos con nuestra muerte. Los varones empezamos a prepararla cuando nos dicen que forjaremos nuestro destino a golpes. Esos golpes que daremos y recibiremos con y en el cuerpo (con y en nosotros). Desde el principio, y a lo largo de toda nuestra educación, se nos enseña a fortalecer el cuerpo, a hacerlo más resistente, recibimos mensajes según los cuales el placer vendrá del esfuerzo, del dolor, del rendimiento. Escasea, cuando existe, la literatura –revistas, libros, folletos, etc.– que nos diga a los varones cómo conducir nuestro cuerpo por los senderos del placer sin esfuerzo, que nos muestre cómo despertar la sensibilidad de nuestra piel, a fin de cuentas el más extenso de nuestros órganos, el más expuesto y el que usamos en toda relación con los demás. Nuestras costumbres, nuestro folclore, nuestra mitología nos ayuda a curtirla, a endurecerla, a hacerla más impenetrable, a encerrarnos más en ella, a dejar entrar y salir menos sensaciones y sentimientos. Las mujeres, en cambio, viven sepultadas bajo consejos que les dicen cómo tener la piel más suave, la mirada más luminosa, las líneas más armónicas. Les cuentan cómo equilibrar su alimentación, su sueño y su respiración con su aspecto exterior y con sus sensaciones internas. De manera directa o indirecta les explican que ellas son *todo* su cuerpo y que por eso un vaso de agua, que hace funcionar mejor su hígado, repercute en esa atractiva y expresiva luminosidad de su piel.

Las mujeres, en fin, tienen menos pudor y más cercanía con su cuerpo. Aunque para todos los seres humanos el cuerpo sea un verdadero, valioso instrumento de comunicación y, por lo tanto, necesitemos de él para acercarnos a los demás, no todos lo tratamos igual. Para seducirnos con su cuerpo, las mujeres lo tratan bien. Para cortejarlas, nosotros lo maltratamos. Creemos –eso nos han enseñado– que es preciso llenarlo de músculos (independientemente de cuándo y para qué vamos a utilizarlos), que no son sino protuberancias, y de corazas. Lo forjamos en el esfuerzo y en el dolor.

Cuantos más moretones y arañazos nos llevamos de un partido de fútbol, más cercanos nos sentimos al heroísmo. El jugador que sale del campo con una venda envolviéndole la cabeza es el que más aplausos recibe de la tribuna, aun por encima de aquel otro, más habilidoso con el balón, que evita las fricciones. Incluso a algunos varones que abominan del boxeo les he oído expresar su admiración por cómo era Oscar *Ringo* Bonavena, capaz de cruzar golpe por golpe a quien fuera (al mismo Muhammad Alí, por ejemplo) hasta el último aliento. Y a alguno que otro de esos varones le escuché explicar que se le había hecho *un nudo en la garganta* al ver aquella tremenda pelea que sostuvo Víctor Galíndez en Sudáfrica, en 1976, frente a Ritchie Kates, cuando hasta la ropa del árbitro quedó empapada por la sangre que brotaba de las heridas del argentino campeón mundial. Yo, personalmente, no abomino del boxeo ni puedo defender con argumentos sólidos mi gusto por ese deporte. Apenas se me ocurre asumirlo como parte de mi cultura masculina. Esa cultura según la cual el cuerpo de las mujeres *se exhibe*, y el cuerpo de los varones *se expone*.

Ellas tienden a integrarse en su cuerpo, a conocerlo, a reconocer que en el interior pasan cosas. Si me pongo psicologista diré, como suele decirse, que la misma disposición —interna— de sus órganos genitales lleva a esa mirada hacia sí mismas, y que es en el interior de sus cuerpos donde se gesta la vida humana. Nuestra genitalidad —la de los varones— es externa. Se *nos levanta*, nos extendemos, *penetramos*. Estamos, además, expuestos y en evidencia.

No creo que sea éste el lugar para discutir si la anatomía es destino, como decía Freud. Pero sí para preguntar qué destino le damos los varones a nuestra anatomía. Hay una larga serie de conductas que son obvias y a las que —precisamente por eso, como suele suceder con lo obvio— no les prestamos atención. Terminamos de jugar un agotador partido de fútbol, nuestro cuerpo requiere oxígeno, pide calma y reparación. Después de vibrar con el esfuerzo busca equilibrarse en la paz de la relajación. ¿Qué hacemos? Fumamos un cigarrillo y nos tomamos una cerveza (si es de tres cuartos de litro, mejor). Que nuestros pulmones —*nosotros en nuestros pulmones*— no tengan el oxígeno que necesitan y que nuestro hígado —*nosotros en nuestro hígado*— no pueda eliminar toxinas, sino que se cargue todavía más de ellas: total, son resistentes. De tal manera nos disociamos de nuestro cuerpo que vivimos como placentera esta adicción al maltrato. Es de hombres. Es de machos.

He jugado mucho al fútbol —juego aún y sólo lo dejaré cuando él me abandone—. A lo largo de los años, con diferentes compañeros y en distintos equipos, he comprobado cómo se convierte en motivo de orgullo el hecho de llegar a un partido matutino con muy pocas horas de sueño, o con ninguna, después de trasnochar, de una comilona, de unas cuantas botellas de vino, de una maratón sexual o de todo eso junto. El cuerpo aguanta y los compañeros certifican que uno es hombre, es macho.

Y uno se dice a sí mismo que es hombre y que es macho cuando esa zona particular del cuerpo que está debajo de la cintura y entre las piernas responde que sí cada vez que se la necesita. Se puede venir de, o ir hacia un día de trabajo, una jornada deportiva o un requerimiento energético de cualquier tipo. A nuestro pene le pedimos, le exigimos que pueda, y si flaquea nos enojamos con él, como si fuera ajeno a nosotros.

Tampoco parece nuestro ese estómago al que le podemos meter todo lo que circule por los alrededores: carnes grasientas, patatas fritas, huevos fritos, salsas picantes, vino... Comer mucho, atiborrarse, provocarnos un embotellamiento de grasas y proteínas, es de hombres. Dejamos las verduras y el agua mineral para las mujeres. Haced la prueba en un bar: pedid una cerveza y una gaseosa cuando estéis acompañados de una mujer y no le digáis al camarero qué corresponde a cada cuál. La gran mayoría de las veces él (o puede incluso ser una camarera) servirá la cerveza al varón y la gaseosa a la mujer. Probadlo con un café cortado y uno solo. O con un bistec empanado y un plato de verduras. Hay «comidas de hombres», que están destinadas a ser digeridas, como sea, por nuestros cuerpos de hombres. Esos cuerpos que ya se encargarán de pagar el precio.

También es de hombres aguantar a pie firme la más feroz y pertinaz de las gripes y seguir trabajando, como si estuviera ocurriendo en otro cuerpo. A un hombre que se para por una gripe, la manada le pasa por encima. Pero no es sólo por eso que los síntomas –la fiebre, el dolor, el calor, el mareo, la náusea, la aceleración del ritmo cardíaco o de la respiración, el dolor de estómago, un calambre, el dolor de cabeza– no nos detienen. En realidad lo que ocurre es que *no los percibimos*. Hasta ese punto hacemos de nuestro cuerpo algo ajeno a nosotros: una máquina destinada a funcionar y producir.

Alexander Lowen, discípulo de Wilhelm Reich y creador de la bioenergética, dice: «Todas las máquinas son, en cierto sentido, extensión del cuerpo humano, y funcionan en conformidad con principios que operan dentro de él. Sin embargo, se nos escapa muchas veces este hecho y tendemos a pensar que el cuerpo funciona según los principios de la máquina, y no viceversa. Acabamos por considerar el cuerpo como una máquina, y después perdemos contacto con sus aspectos vitales y sensitivos». En el caso particular de los varones, esta tendencia a concebir el cuerpo como una máquina parece ser casi constitutiva de nuestra identidad.

Hace ya muchos años, en 1976, Marc F. Fasteau –un abogado neoyorquino volcado en la investigación de temas sociales– escribió un libro titulado, precisamente, *La máquina mascu-*

lina.[3] Allí decía: «Es una máquina diseñada especialmente para el trabajo, programada para ocupar empleos, superar obstáculos, enfrentarse a problemas, vencer dificultades y estar siempre a la ofensiva. Debe ser capaz de desempeñar cualquier tarea que se le presente dentro de un marco de competición, y el refuerzo más importante y positivo que puede recibir es el triunfo. Recubierta por una armadura prácticamente impenetrable, es una máquina en la que ningún elemento personal y superfluo llega a alterar o perturbar sus circuitos».

Los investigadores que trabajan la cinesis –la ciencia de la comunicación no verbal– y, en particular, el profesor Ray L. Birdwhistell, han comprobado que sólo el treinta y cinco por ciento de la comunicación que se establece socialmente entre las personas se produce a través de las palabras. El resto no pertenece a la conciencia, y discurre a través de señales corporales. Esto significa que más del cincuenta por ciento de lo que se dice, se dice con el cuerpo. Y es curiosamente con él con el que los varones construimos nuestro silencio, nuestro sufrimiento, nuestras muertes.

Nuestro cuerpo habla, *nos* habla. Cuando no lo escuchamos, nos ignoramos a nosotros mismos. Y esa ignorancia de los varones suele empezar por desconocer los síntomas. Quienes investigan el estrés, sus manifestaciones y sus factores, saben que las mujeres son más sensibles a las señales de ese síndrome y han comprobado, también, cómo los hombres las bloquean. ¿Qué es necesario para ignorar esas señales –un dolor, una taquicardia, un sudor, un temblor, una náusea y todo lo que ya he mencionado–, así como para sobreponerse a las heridas y a los golpes y continuar adelante, siempre adelante, *aguantando*

---

3. Marc F. Fasteau, *Male Machine*, Delacorte Press, Nueva York 1976.

lo que venga? *Es necesario desentenderse del cuerpo, perder contacto con él.* Nada menos.

Este es el resultado de un largo aprendizaje: desde pequeños nos enseñan que los hombres no lloran, que quejarse de dolores es de mariquitas. Quien nos llevaba al médico era, finalmente, nuestra mamá. Nuestro padre era el que nos llevaba a los deportes, el que se hacía cargo de nosotros cuando estábamos enteros, no averiados ni enfermos. La enfermedad es femenina. Y ésa es una ventaja que, en fin, disfrutan las mujeres. Ellas sí pueden detenerse cuando su cuerpo pide una tregua, cuando el síntoma anuncia algo. Pueden detenerse y consultar, sin avergonzarse. Pueden escuchar a su cuerpo, comprenderse desde él, averiguar qué les dice, corregir rumbos. Finalmente, las estadísticas lo dicen, ese único cuerpo que son les dura más que el nuestro, que también es uno y único.

El psicólogo Herb Goldberg ha trabajado durante años con hombres (fruto de ello es su libro *The Hazards of Being Male: Surviving the Myth of Masculine Privilege*,[4] traducido al español como *Hombres, hombres*)[5] y eso le permitió establecer qué siente un varón cuando la enfermedad le obliga a detener un día su actividad: 1) siente que su territorio está amenazado y que alguien puede usurpar su lugar; 2) siente que alguien podría descubrir que es prescindible y, como consecuencia, trataría de reemplazarlo; 3) siente que cada día que permanece en cama o inactivo significa dinero perdido y 4) siente que no es un guerrero competente y que resulta incapaz de mantener con firmeza su posición cuando está presionado.

---

4. Herb Goldberg, *The Hazards of Being Male*, Wellness Institute, Issaquah, Washington 2000.

5. Herb Goldberg, *Hombres, hombres*, Ediciones Temas de Hoy, Madrid 1992.

Para evitar cualquiera de estas sensaciones, los varones no aflojamos. Hasta que aflojamos. Entonces ocurren esos episodios que nos llenan de terror: un día nos enteramos de que ha muerto Juan. No, no era nuestro amigo, pero sí un conocido al que veíamos con frecuencia. Es más, la semana pasada estuvimos hablando de ir a jugar al pádel juntos. Parecía un hombre fuerte. Empezó con un dolor en el brazo, anteayer por la tarde. No le dio importancia, dijo que probablemente era un músculo, porque había estado moviendo unos muebles en su casa. ¿Llamar a un médico por esa tontería? ¿Para que se parta de risa? No, por favor, es algo sin importancia, se me va a pasar. En todo caso, el próximo fin de semana dormiré una buena siesta y ya está. Pero el ya está llega antes que la siesta. A Juan lo abate un infarto masivo y el médico, que llega tarde, no se ríe: la tontería es no haberlo llamado, haberle dejado el campo libre a la muerte. ¿Qué hacía Juan? Lo que tantos tipos comunes. Trabajaba diez, doce o catorce horas al día, era de los primeros en llegar al trabajo y de los últimos en irse, un hombre responsable, que estaba en todo. Alguna vez a la semana tomaba una copa con los amigos (el alcohol le permitía sentirse relajado y en mayor intimidad con sus congéneres, y en esto también cumplía con una particularidad masculina), o se mataba junto a ellos, como les gustaba decir, con una buena comilona, de esas para contar y recordar. No era un hombre al que se le viera asustado o preocupado, dudoso ni arrepentido. A veces montaba en cólera por algún error que se cometía en el trabajo, pero en general sabía controlar muy bien sus emociones: no era común verle perder la compostura. Tomaba decisiones continuamente y se preocupaba por que las cosas se hicieran como él quería. Sólo de esa manera se sentía firme cuando tenía que rendir alguna cuenta ante instancias superiores a él. Sabía manejarse solo. Era perfectamente capaz de resolver lo que le correspondía y nunca lo iban a ver pidiendo ayuda o molestando a los demás por tonterías que un hombre debe resolver por su cuenta.

Podemos elegir para Juan la profesión que deseemos, las circunstancias que nos resulten más conocidas. Podemos elegirlo soltero o casado, con hijos o sin ellos. En cualquier caso, las variaciones no afectarán a la médula del modelo. Conocemos a decenas de Juanes que nos rodean, con los cuales nos relacionamos cercanamente o en la distancia, en igualdad de condiciones o en posiciones relativas, algunos con más poder que otros, unos independientes, otros en relación de dependencia. Somos o hemos sido Juan muchas veces en nuestras vidas. Algunos sobrevivimos para contarlo, otros estamos completamente compenetrados con el personaje, otros nos hemos rescatado para hacer de nuestras vidas exactamente otra cosa. Lo cierto es que, en las trincheras de la guerra cotidiana, los Juanes mueren a miles, son la carne de cañón de un modo de ser varón. Son Juanes anónimos y Juanes con nombres y apellidos. Juanes desconocidos y Juanes que amamos. Varones atrapados en trampas similares a las que se utilizan en ciertos experimentos de laboratorio, donde se pone a ratas en laberintos sin salida hasta que, después de haber probado una y mil veces, presas del estrés y el pánico, se desploman víctimas de la muerte súbita (eso que en los humanos se llama infarto, trombosis, úlcera hemorrágica, etc.).

Volver a meternos

Hoy sabemos que las personas somos las verdaderas constructoras de nuestra salud y de nuestra enfermedad. También que nuestra historia está en nuestros cuerpos. ¿Qué camino vamos a seguir los hombres para salir de las trampas en las que estamos, en parte porque nos han metido en ellas, en parte porque las hemos elegido, en parte porque las perpetuamos defendiéndolas o transmitiéndolas?

A menudo nuestro propio cuerpo es esa trampa. No se trata sólo de que lo llenemos de corazas rígidas, musculares, en ciertos momentos de nuestras vidas. Hay otras formas de coraza, quizá menos duras en apariencia, pero igualmente limitadoras y aislantes. Pueden tomar la forma de esas capas de grasa —los famosos «flotadores»— que empiezan a abrazar las cinturas a partir de cierta edad. O de esos cabellos que se van: se van y no vuelven más. Gordos y calvos: así aparecen legiones de hombres hacia la mitad de la vida. Como si fuera parte de la identidad masculina el abandonar la *máquina* una vez que se han logrado ciertos objetivos laborales, profesionales o personales (un cargo, un matrimonio, etc.). O, por el contrario, despreocuparse de ella una vez que se siente que esos logros son relativos o inexistentes. Muchas veces observo coches que están en un estado lamentable e intento imaginar cuál ha sido la historia de malos tratos y descuido que los ha llevado hasta ahí, cuando hay coches de la misma marca y modelo con aspecto perfecto. Y se me ocurre trasladar esa metáfora a los varones. Miro a mis congéneres cada vez con mayor atención y empatía, y procuro leer en sus cuerpos la historia de su masculinidad. No es difícil hacerlo, sobre todo cuando se tiene en cuenta el modelo al que respondemos. Creo que todos podemos leernos de esa manera, empezando por una mirada a nosotros mismos. Es una primera cuestión de conciencia.

Esto nos conduce a una pregunta: ¿cómo vamos a poner en libertad nuestras conciencias sin liberar nuestros cuerpos? Y, de ahí, a otra: ¿De qué modo podremos liberar nuestros cuerpos sin recuperarlos, sin *meternos otra vez en ellos*?

Quizás haya que empezar por algunos planteamientos simples, como desvincular la idea de la masculinidad de la de sufrimiento. No es más hombre el que mejor aguanta el dolor o la inclemencia, el que más producción extrae de su cuerpo, el que mejor construye sus blindajes. Nuestro cuerpo no es, definitivamente, el cementerio de nuestras emociones. Sí, en cambio, es la fuente de ellas. Nos da mensajes permanentes que no tenemos por qué desoír. Nuestro cuerpo no sólo nos ha sido dado para hacer, para producir, para luchar, para combatir, para resistir, para vencer, para avanzar, para trabajar. También tenemos el derecho, casi nunca ejercido, de *estar* en él y nada más que eso. El descanso es también prioridad del cuerpo. Podemos usar nuestro cuerpo para *recibir*, para dejarnos hacer en él cosas que nos produzcan placer y que, probablemente, tendremos que descubrir. La pasividad no nos hace maricones. Nos permite descubrir otra posibilidad de *todo esto* que somos. Es la otra cara de nuestra actividad y existe en nosotros, silenciosa y desperdiciada.

En general no prestamos atención a nuestro cuerpo. No dejamos que se haga cargo de él quien debe hacerlo (por ejemplo el médico, cuando es necesario). Pero somos capaces de dejarlo en manos de alguien (una madre, una novia o una esposa cariñosas) que se encargará de tratarlo como al de un niño y de engordarlo amorosa e innecesariamente. Lo obligamos a *actuar* siempre, a estar disponible en todo momento. No somos solidarios con él —es decir *con nosotros mismos*— cuando nos dice que no.

Si aprendemos, si empezamos a respetarnos y a querernos desde nuestro cuerpo —en definitiva la casa de nuestra alma, como bien explica la francesa Thérèse Bertherat—[6] comenzaremos a disfrutar de otras posibilidades, a menudo ignoradas, de la masculinidad. Nuestro cuerpo es —habitualmente— el primero en *decir que no*. Y es sabio, lo dice con razones. Razones que son nuestras y que depende de nosotros saber discernir y percibir. Acaso lo primero a respetar sea el *no* a ser el cuerpo de un macho. Y el *sí* a ser el cuerpo de un varón.

DIEZ IDEAS PARA RECORDAR

1. Los varones crecemos con la consigna de que «a golpes se hacen los hombres». Preparamos y nos preparan el cuerpo para eso.

2. De esa creencia nace también nuestro lenguaje: le echamos huevos, no agachamos la cabeza, luchamos a brazo partido, etc.

3. Ponemos el cuerpo en el trabajo y en nuestras relaciones como si no fuera nuestro, sino de otro. Somos ajenos a él.

4. Lo usamos como un acorazado dentro del cual lo guardamos y lo sepultamos todo, especialmente sentimientos y dolores.

5. Para reforzar estas creencias, los mensajes que se nos dan acerca de nuestro cuerpo tienen que ver con el esfuerzo y no con el placer.

6. Esto hace que, paradójicamente, terminemos sintiéndonos satisfechos del esfuerzo, del aguante, del dolor. Y nos especializamos en maltratar nuestro cuerpo.

7. Al contrario de lo anterior, a las mujeres se les enseña a tratar su cuerpo en función del placer y la seducción. Así es como ellas exhiben su cuerpo, mientras nosotros exponemos el nuestro.

8. Al disociarnos de nuestro cuerpo, como si nos fuera ajeno, no lo escuchamos cuando nos habla. Y, por lo tanto, no registramos los síntomas. Cuando lo hacemos, muchas veces ya es tarde.

---

6. Thérèse Bertherat y Carol Bernstein, *El cuerpo tiene sus razones*, Ediciones Paidós, Barcelona 1996.

9. Los hombres creemos que si paramos el funcionamiento de esta máquina productora, seremos débiles e incompetentes y estaremos amenazados. Sin embargo, accederemos a áreas muy ricas de la sensibilidad.

10. No es más hombre el que más aguanta. Si no liberamos nuestros cuerpos, no liberaremos nuestras conciencias, porque es desde el cuerpo desde donde aprenderemos a sentir, a recibir, a estar y a dar. El cuerpo de macho es una cosa y el cuerpo de varón es otra muy distinta. Los machos mueren dentro de su cuerpo, los varones viven y sienten con sus cuerpos.

4. El lenguaje: más allá de las palabras

Una situación típica: Carlos y Héctor son amigos desde hace años, han atravesado juntos diversas y distintas etapas y situaciones de la vida. Carlos está casado, Héctor acaba de separarse. Su divorcio ocurrió poco después de la muerte de su padre. Atraviesa un momento crítico de su vida. Carlos y Héctor se ven tan a menudo como sus ocupaciones se lo permiten. Un sábado por la mañana se encuentran, toman un café, juegan al pádel con otros dos amigos y después vuelven a tomar algo. Por la tarde, Carlos está con su esposa. Ella le pregunta por Héctor. Carlos le dice que su amigo: «Está ahí, luchando». Ella insiste, quiere saber si Héctor está mejor, qué dice, de qué se queja, cómo se siente. Carlos acaba diciéndole que no han hablado de esas cosas de manera puntual. Ella se muestra sorprendida y, de un modo velado, también molesta. «Pero, ¿cómo es posible? –quiere saber–. ¿Acaso no es tu amigo?» Sí, por supuesto lo es. «¿Y por qué no hablasteis de cómo está, de todas las cosas que le pasan?» No, no hablaron en detalle sobre eso. Héctor no explicó algunas cosas, Carlos no preguntó otras. «¿Y qué clase de amigo eres, que no le preguntaste o que no le invitaste a que viniera aquí?»

¿Qué clase de amigo es Carlos, en efecto? Su esposa desconfía, no entiende. Muchas otras mujeres en su lugar, quizá la mayoría de ellas, sentirían lo mismo. Una queja bastante difundida en el universo femenino tiene como objeto a los varones y dice de nosotros que no hablamos, que no contamos nuestras cosas, que

hay que sacárnoslas con sacacorchos, que somos poco locuaces y expresivos. La otra cara de esta molestia está localizada en la sospecha de que esos silencios se convierten en una larga ristra de confesiones cuando nos encontramos entre nosotros, entre varones. No sé si la noticia tranquilizará a las damas, o si las despojará de ciertas inquietudes, pero lo cierto es que los varones no guardamos el silencio para ellas y las palabras para nuestros congéneres. No, al menos, cuando se trata de hablar de nuestros sentimientos, de nuestras crisis, de nuestros sufrimientos, de nuestros temores, de nuestras cosas más profundas.

Allí donde habitualmente las mujeres hablan, los hombres tendemos a callar. Y no sólo ante ellas, sino también entre nosotros. Una situación –afectiva, laboral, familiar, etc.– que ha sido vivida simultáneamente, o compartida, por una mujer y un hombre, será comunicada con mucha mayor velocidad a las amigas de ella que a los conocidos de él. Más aún: es muy probable que los amigos de él muchas veces ni lleguen a enterarse. Como suele señalar Daniel Santinelli, con quien coordino grupos de trabajo vivencial sobre la identidad masculina, las mujeres tejen redes de información y de complicidad de las cuales los hombres o carecemos o prescindimos. Por eso la esposa de Carlos no entiende la actitud de su marido con Héctor. Lo que en realidad está lejos de comprender es que ni Carlos es indiferente ante la crisis de Héctor ni su amigo se siente ignorado en su situación. Tomando ese café, hablando de cosas aparentemente sin importancia, *jugando ese partido de pádel*, Carlos y Héctor se han comunicado profundamente. Los ha comunicado, más que el silencio, *la acción*. Ocurre también cuando un padre y un hijo varón van al fútbol, a un recital, a jugar a algún deporte. A las mujeres las comunica la palabra. A los hombres, el acto.

La lingüista norteamericana Deborah Tannen es una de las personas que con más detenimiento y profundidad ha estudiado de qué manera se manifiestan en el lenguaje de unos y otros las diferencias que existen entre los hombres y las mujeres. Producto de esto son sus libros *Tú no me entiendes*[7] y *¡Yo no quise decir eso!*[8] En ellos transmite lo que ha podido detectar: en síntesis, en la conversación de las mujeres se prioriza el sentimiento, mientras que en la de los varones se enfatiza la negociación. Porque —debido a los modelos con que nos educaron y nos desenvolvemos— la sensibilidad aparece como un valor femenino, las mujeres aparecen más atentas a los sentimientos y esto se verifica también en el lenguaje: las palabras indagan, transmiten, bucean en lo afectivo para exponerlo y compartirlo. Los varones creemos que debemos defender nuestra invulnerabilidad, no demostrar debilidades, no mostrar los sentimientos (todas estas cosas nos colocan en el camino de la fragilidad y, por lo tanto, según *imaginamos*, del desplazamiento, del sometimiento, de la derrota). Las mujeres están más atentas al metalenguaje, es decir, a todo lo que acompaña a las palabras: gestos, miradas, inflexiones y otras señales no verbales. Para los varones, las palabras son lo que dicen y, por lo tanto, se puede ser prisionero de ellas. De hecho, un motivo de orgullo masculino suele estar constituido por eso de ser «un hombre de palabra». Del mismo modo que un consejo popular advierte acerca de que «no creas en la palabra de una mujer». Una y otra frase insisten en fijar modelos, en atornillarlos, en obligarnos a vivir en la generalización. Ser «un hombre de palabra» es, en definitiva, meterse en una de las tantas trampas que el modelo masculino

---

7. Deborah Tannen, *Tú no me entiendes*, Vergara, Buenos Aires 1992.
8. Deborah Tannen, *¡Yo no quise decir eso!*, Ediciones Paidós, Barcelona 1999.

nos tiene preparadas a lo largo de nuestra vida bajo una apariencia de poder, fuerza, dignidad, etc. Como cada uno de nuestros gestos y de nuestros actos, las palabras expresan un sentimiento, una sensación, un pensamiento, una vivencia del momento en que es expresada. Pesada carga es el lenguaje cuando cada palabra emitida se convierte en un pagaré.

¿Qué hace un «hombre de palabra» cuando —debido a lo vivido, a lo experimentado, a lo evolucionado— sus sentimientos, sus pensamientos, sus ideas cambian? Un ser humano libre, responsable de sus acciones y de sus decisiones actualizaría sus palabras, del mismo modo que se actualizan sus emociones, sus afectos, sus ideas. En lugar de ser el cepo en el que queda atrapado, sus palabras serían una expresión de sí mismo, de *él siendo*. ¿Qué es la *actualización*? Se trata del proceso constante, permanente, por el cual, a partir del momento en que nos damos cuenta de nosotros mismos, de lo que nos pasa, de lo que sentimos, de cómo cambiamos, de qué cosas cobran importancia y cuáles pasan a un segundo plano en cada momento de nuestra vida, vamos adaptándonos y actuando en consecuencia. No es lo mismo adaptarnos nosotros, de verdad, lo que somos, lo que vamos siendo en cada momento, que adaptar nuestra imagen inicial. La actualización es el fenómeno que nos permite ser y estar íntegros y responsables en el *aquí y ahora* de nuestra vida. Lo contrario es forzarnos a permanecer fieles —a un precio muchas veces alto en salud y en neurosis— a aquella imagen de nosotros mismos que en algún momento prometió nuestra palabra o que nos fue diseñada por la palabra de otro. Un «hombre de palabra», tal como el modelo masculino tradicional lo define, es alguien que debe adaptar los actos de su vida a aquella imagen denunciada por la palabra de la cual es prisionero.

Una de las quejas femeninas más habituales señala, pues, que los hombres no les contamos lo que nos pasa, que no hablamos de nuestra intimidad, que nos resistimos a «charlar sobre nuestra relación». Incluso se quejan, como la esposa de Carlos, de que no hablamos ni siquiera entre nosotros. Aunque los hombres no nos lo planteamos en estos términos, y la mayoría de las veces no obedece a una actitud consciente, la palabra es para nosotros una herramienta de negociación, de competición, de lucha, de defensa. No se otorga fácilmente. Cualquiera de esas cosas que las mujeres nos piden que digamos pueden dejarnos expuestos, vulnerables. Los hombres hablamos más sobre lo concreto, no hay muchas palabras que perder. Hablamos, entonces, sobre cómo se hacen o cómo funcionan las cosas. Nuestro lenguaje busca establecer acuerdos, pactos, contratos. Busca lo concreto. Cuando escuchamos, solemos esperar eso mismo: lo concreto. Para Tannen, en las mujeres la palabra se vincula con la solidaridad, y en los hombres con el poder. Esto empieza, dice, desde la forma en que nos hablan a los unos y a las otras cuando somos pequeños. En la repartición de tareas que sufrimos los hombres y las mujeres, a nosotros nos ha tocado ser los racionales, y a ellas las emocionales. Por lo tanto, no podemos hablar sin *pensar* antes en lo que vamos a decir. En nuestra imaginería, incluso el mal empleo de las palabras puede poner en peligro nuestra condición masculina, nuestro poder. Las mujeres —quiere la leyenda, y toda leyenda tiene buenas dosis de verdad— *hablan sin pensar*. Sus palabras van con más facilidad del corazón a la boca sin pasar antes por la aduana de la mente. Su educación, su modelo, su situación social y cultural hace que esto sea así. Quizás en la medida en que los varones encontremos las formas de estar más conectados con nuestros sentimientos, con nuestros dolores, con nuestros temores, con nuestros deseos, con nuestras esperanzas, con nuestras pasiones, tendremos mucho más de todo eso para expresar a través de las palabras.

Y no estoy pensando necesariamente en responder a una demanda femenina. En todo caso, ellas obtendrán un beneficio residual de este cambio, pero no serán las destinatarias principales. Los primeros beneficiarios seremos nosotros, porque crecerá nuestra capacidad de comunicarnos como personas, entre personas. De todos modos, esto no es obra de la voluntad, no parte de la decisión de hablar. Los loros hablan, y mucho, y eso no quiere decir que estén conectados con sus sentimientos. Y no todas las mujeres lo están. De ninguna manera se trata de entronizar la palabra porque sí. La palabra es sólo una de las formas y herramientas con que contamos para expresarnos. No es la única, ni siquiera la principal. Pero cuando está atascada es algo más profundo lo que está bloqueado. Las palabras, en realidad, no existen solas. Junto con ellas emitimos otros mensajes no verbales. Conviene prestarles atención, porque es un modo de enriquecer la comunicación, de solidificarla a través de varios canales. Acaso los hombres no decimos todo lo que se espera de nosotros, pero hacemos cosas. Cuando Carlos y Héctor se encuentran, juegan al pádel, toman un café y, quizás, cruzan apenas dos o tres palabras sobre el problema de Héctor; es verdad que quizás no acceden a la posibilidad de decirse, preguntarse, confesarse todo lo que la palabra les permitiría. Pero sería muy simplista —y las mujeres suelen caer en esta simplificación— pretender que, por lo tanto, no están comunicados. Como cuando un padre y un hijo comparten una tarde de fútbol, un día de pesca, una mañana de bricolaje o de mecánica. Existe un código en funcionamiento, un código que da prioridad a la acción. Esto ha sido explotado por el poeta norteamericano Robert Bly (autor de Iron John[9] y precursor del movimiento

---

9. Robert Bly, Iron John, Gaia Ediciones, Móstoles, 1994.

masculino en los Estados Unidos) cuando comenzó su trabajo convocando a los hombres a reunirse, salir en grupos, pasar un fin de semana en un bosque, recuperar el valor de la actividad física, compartir riesgos y carencias y, finalmente, comunicarse de grupo a grupo —ubicados a distancias considerables uno del otro— sin palabras, sólo con percusión. Por supuesto, la convocatoria no fue fácil ni masiva en un principio, pero hoy son miles y miles de hombres los que han recuperado este ritual. ¿Se trata de un regreso a la prehistoria? Yo digo que, más bien, es una vivencia de recuperación de estados, recursos y códigos esencialmente masculinos (propiedad de nuestros ancestros) que o bien se han perdido, o se han adulterado o han quedado encasillados en el nicho de las cosas masculinas censurables, como todo lo que se relaciona con la fuerza física y su empleo.

Recuperando lenguajes
Los hombres somos más fuertes que las mujeres desde el punto de vista físico. ¿Esto es malo? Esto no es ni bueno ni malo, esto es así. Como cualquier recurso de herramienta, puede emplearse para bien o para mal, para comunicarse o para aislarse, para el amor o para la destrucción. Durante el desarrollo del movimiento de liberación femenina, la fuerza física natural de los hombres comenzó a ser desvalorizada y considerada como expresión de torpeza, arbitrariedad, dominación, etc. Por supuesto, ha sido utilizada así, pero con ella también se han gestado bellos actos de heroísmo, construcciones asombrosas, gestos de entrega. Y con ella, desde ella, los varones a menudo nos comunicamos los actos que más nos identifican, que pueden ser laborales, deportivos, afectivos, etc. En estos casos nuestro silencio no debe llenarse con una línea de puntos, sino complementarse con una mirada hacia nuestros actos.

Refiriéndose al trabajo terapéutico, Fritz Perls –fundador de la terapia gestáltica– aconseja en *Sueños y existencia*:[10] «No escuchen las palabras, escuchen lo que la voz les dice, lo que les dicen los movimientos, lo que les dice la postura, lo que les dice la imagen. Si tienen oídos, entonces lo saben todo acerca de la otra persona. No hay que escuchar lo que la persona dice: escuchen los sonidos. (...) Lo que decimos son casi todo mentiras o chácharas inútiles. Sin embargo la voz está ahí, los gestos, las posturas, la expresión facial, el lenguaje psicosomático. Está todo ahí si permiten que el sonido de las frases haga de segundo violín». A las mujeres que se quejan del silencio de los hombres les cabría esta misma recomendación y podríamos cambiar «el sonido de las frases» por «la ausencia de las frases».

A pesar de esto, el silencio masculino no es siempre cómodo. Cuando involucra los sentimientos y la sensibilidad, es el silencio del *no saber cómo hablar de estos temas*. Se nos ha enseñado que pertenecen a las mujeres y que conectarnos con ellos equivale a mostrarnos débiles y vulnerables. Hay un silencio cómodo en nosotros que se instaura cuando estamos *en acción*, involucrados en una actividad individual, de pareja, de equipo o colectiva en la cual nos expresamos haciendo, construyendo. Y hay otro silencio, doloroso: aquel que se instala cuando debemos expresar sentimientos, peticiones, temores. En éste, la palabra no se ve sustituida por una acción equivalente o enriquecedora. Este silencio es producto de la imposibilidad de la palabra. Nos hiere, nos lastima, nos deja impotentes.

Con el primer silencio se construyen las redes de solidaridad masculinas que no se pactan ni se explican: se hacen, se componen, se actúan y son vivencias bellas, conmovedoras,

---

10. Fritz Perls, *Sueños y existencia*, Editorial CuatroVientos, Buenos Aires 1990.

inimitables. En el paisaje de lo humano, algo muy hermoso —digno de ser reivindicado y recuperado— es la energía que nace y se transmite de un grupo de hombres, de una pareja de varones o de un solo hombre, entregados a concretar un sueño, un proyecto, una fantasía, una promesa.

El otro silencio nos enferma, nos hace estallar haciendo un uso destructivo de nuestra fuerza, ya sea contra nosotros mismos o contra otros. Nos deja solos, nos aísla. No se saca a un hombre de ese empantanamiento enfrentándolo a la compulsividad de la palabra. Cuando una mujer propone a un varón «que hablemos de nuestra relación» (¿os suena?), tiene un gran porcentaje de posibilidades de alejarlo, de empujarlo a un silencio más hondo y más dramático. Esto suele ocurrir porque —de acuerdo con lo que permite la observación y lo que concluyen numerosos psicólogos y lingüistas preocupados por estos temas— en las mujeres existe la certeza de que las cosas *se hablan*, mientras que los hombres sentimos que las cosas *se hacen*. Las mujeres que trabajen el polo masculino de su identidad podrán, eventualmente, sacar más provecho de la acción, mientras que los hombres que desarrollen sus aspectos femeninos (sin temor a parecer «afeminados») probablemente obtendrán beneficios del uso de la palabra.

Si las mujeres se infiltraran en los ámbitos, las mentes y los corazones masculinos descubrirían cómo se siente un hombre cuando una de ellas le pregunta insistentemente «¿Me quieres?», o cuando reprocha «ya no me dices que me quieres». En ambos casos un varón se siente acosado, porque él siente que *está demostrando* que la quiere. Confía en que ella está atenta a los actos y a los gestos de él y que, por lo tanto, no es necesario que repita lo que éstos ya dicen. Abby Hirsch es consejero de parejas en Manhattan y ha escrito un libro titulado *What Men don't*

Tell Women[11] (Lo que los hombres no cuentan a las mujeres), en el que condensa su experiencia sobre el tema después de haber tratado con centenares de damas y caballeros. En uno de sus capítulos señala: «Conozco a un hombre que enciende la radio del coche cuando quiere escapar de las preguntas de su mujer. Y conozco a algunos hombres que se quedan dormidos después de hacer el amor para evitar el diálogo posterior». Es durante ese diálogo cuando un hombre puede llegar a decir «te amo». Y es entonces cuando suele ocurrir lo que describe la brasileña Marina Colasanti en su muy sensible ensayo *Hablando de amor*: «Él dice "yo te amo" y lo que una oye no es "yo te amo tanto como puedo dentro de las limitaciones de esta relación y de este momento de mi vida, dentro de mis propias limitaciones, de mis propios miedos y mis trabas". Una escucha "yo te amo totalmente, para siempre, sin que nada antes o después de nuestro encuentro supere este sentimiento". Él habla de sí mismo y nosotras oímos el cosmos. Él habla del presente y nosotras entendemos la eternidad».

Hablar no es, necesariamente, comunicarse. De eso trata el párrafo que acabo de citar. Cuando las mujeres se quejan del silencio masculino, cuando se lamentan de que «no me cuenta lo que pasa», «no me dice lo que siente» y cosas por el estilo, ¿se quejan precisamente de eso que dicen o de que, en realidad, no escuchan de labios de él exactamente aquello que les gustaría oír? Con mucha frecuencia la queja no tiene en cuenta al otro como quien es, sino como un simple proveedor de lo que «yo necesito». Y si una mujer pone por delante lo que necesita oír, no importará demasiado el silencio mas-

---

11. Abby Hirsch, *What Men don't Tell Women*, St. Martin's Mass Market Paper, Nueva York 1989.

culino ni el tipo de silencio del que se trate en ese momento: diga lo que diga –si no es lo que la mujer espera–, el hombre estará en falta.

Hirsch analiza algo al respecto: «Los hombres tienen bastantes problemas para discutir sus sentimientos en general, pero es imposible que expresen los sentimientos referidos a una mujer hasta que llegue el momento adecuado. De todas las quejas de los hombres, la presión para que declaren sus intenciones está en el primer lugar de cualquier lista de *las peores cosas que una mujer puede hacer*». Él mismo recomienda a las mujeres: «Él sabe lo que quieres oír y hablará del tema cuando considere que es el momento oportuno. *Quizá todavía no se sienta seguro y sepa que si no dice lo que tú quieres escuchar, te defraudará y se sentirá una mala persona*». ¿Cambiará esto en la medida en que cambie el modelo masculino con el cual hemos crecido y hemos construido y vivido nuestros vínculos? En la medida en que los varones estemos más conectados con nuestro interior, con nuestros sentimientos, con nuestros verdaderos deseos, ¿seremos también seres más habladores? Irma Kurtz, una periodista especializada en el tema de las relaciones entre los sexos, autora de una muy incisiva columna de consejos en la revista *Cosmopolitan*, dice en su libro *¿Por qué los hombres dicen lo que dicen y las mujeres oyen lo que oyen?*:[12] «Algunos hombres, cuando se ponen a escribir, son espléndida, inmensa y poéticamente emotivos. Pero al hablar parecen tímidos e incluso tontos. Particularmente para una mujer, que se desvive dejando salir sus sentimientos a borbotones a medida que aparecen. (...) En realidad, los hombres tienen sentimientos, aunque las mujeres no lo reconozcan porque, por lo general, no los expresan ni los sacan a

---

12. Imma Kurtz, *¿Por qué los hombres...?*, Ediciones Paidós Ibérica, Barcelona 1988.

relucir. Los hombres tienden a protegerse y a salvaguardar su parte más querida, el ego, de ataques reales e imaginarios».

No sé si la cita de Kurtz contribuye a responder a las preguntas que he planteado en el párrafo anterior. No sé si las preguntas tienen siquiera respuesta. Al menos no mientras un nuevo modelo masculino no empiece a ser un fenómeno común. Por ahora podemos manejarnos con ciertas suposiciones y con la experiencia de las vivencias que incluyen formas nuevas, distintas, de relación y de comportamiento. Desde ahí se me ocurre recuperar la conclusión de Elsa, una mujer de algo más de cuarenta años, después de participar en un taller en el que propusimos a los varones y las mujeres presentes algunos juegos y ejercicios de intercambio de roles. Al final Elsa dijo: «Hoy he aprendido una cosa al actuar en el lugar de un hombre. Las mujeres hablamos demasiado, los asfixiamos, los alejamos. Debemos aprender también a callar y a escuchar». Kurtz —otra vez— describe: «Cuando las mujeres se reúnen, discuten y comparan, describen las emociones como los hombres hacen con las tácticas de fútbol. El amor, los celos y la cólera son tema de las reuniones celebradas en la cocina, siempre acompañadas de quejas y, a menudo, de lágrimas. Cuando los hombres se reúnen en grupos, lo hacen en función de sus trabajos, de sus aficiones, de sus travesuras comunes. Y la conversación es, en gran medida, anecdótica: presenta una saga heroica en la que el propio narrador se convierte en actor».

Elsa habla de un descubrimiento y Kurtz describe estilos. Ambas plantean algo valioso: la experiencia. Las mujeres hablan más que los hombres, dicen, y en sus palabras habitan sentimientos. Si los varones hablamos menos por una cuestión cultural o por algo inherente a nuestra esencia, es algo por descubrir y discutir. Sí, es verdad, por lo pronto, que el modo en que nos alejaron de nuestros sentimientos ha hecho que el lenguaje que usamos sea particularmente pobre en esa área. Lo que queda por saber es si, en la medida en que estemos más conectados con nuestra sensibilidad vamos a hablar más o, simplemente, *vamos a hablar más de lo que sentimos, aunque ello no signifique que vaya a aumentar cuantitativamente nuestra conversación.*

Hay una forma masculina de comunicación que no pasa esencialmente por la palabra. Si una relación auténtica, si una comunicación verdadera empieza por *contemplar al otro como alguien que es él, que no soy yo y que ni siquiera es el que yo quiero que sea o imagino que es*, para las mujeres puede resultar muy enriquecedora la experiencia de *contemplar* al hombre que tienen delante para saber todo lo que dice sin palabras. De la misma manera nos puede resultar útil a los varones *escuchar* la palabra femenina como un modo de acceso al territorio precioso de los sentimientos. En la medida en que descubrimos que ese territorio también nos pertenece, que habitar en él no nos hace ni más débiles ni menos hombres, podemos usar la palabra como puente y no como muralla, aun cuando mucho de lo mejor, de lo más noble de nosotros lo expresamos a través de nuestros actos, porque eso es parte de nuestra identidad de varones. Pero quizás entonces la palabra nos sirva para expresar nuestros deseos, nuestros temores, nuestros amores. Quizás nos sirva, mejor que cierto silencio doloroso, para decir: «Esta noche no, querida. Esta noche no quiero hablar de lo que tú quieres escuchar. Esta noche no quiero atender las necesidades de tus oídos, sino las de mi corazón. Esta noche quiero sólo decir...».

DIEZ IDEAS PARA RECORDAR

1. Para las mujeres es importante que las cosas se digan. Para los hombres es importante que las cosas se hagan.

2. El silencio en la comunicación masculina puede obedecer a que prevalece la acción o la imposibilidad de conexión con los sentimientos y emociones propios para nombrarlos y expresarlos.

3. El primer tipo de silencio es inherente a la identidad masculina y acompaña a actos conmovedores, gestos heroicos, acciones de solidaridad y de entrega.

4. El segundo tipo de silencio deja a los hombres solos con sus sufrimientos, dudas, temores y dolores. Aislados de sus congéneres y de sus afectos. Impotentes.

5. El lenguaje masculino privilegia los temas concretos, referidos fundamentalmente a cómo funcionan las cosas y al mundo exterior, el mundo «objetivo», a diferencia del lenguaje femenino, más abstracto y vinculado a los sentimientos.

6. El ser considerado como un «hombre de palabra» pesa notoriamente en la construcción del orgullo y la autoestima masculinos. El «hombre de palabra» es, en realidad, de un carácter rígido, prisionero de frases, sentencias y creencias que, generalmente, no concuerdan con sus verdaderos deseos y sentimientos.

7. Las mujeres se quejan de que los hombres no hablan. Esto obedece en parte a que no han sido educados, preparados ni estimulados para estar en contacto con su propia sensibilidad.

8. Por otra parte, cabe preguntarse si de lo que se quejan muchas veces las mujeres es de no escuchar lo que ellas necesitan oír. Los hombres sienten que las mujeres los empujan compulsivamente a hablar. Esto les hace callar más. Las mujeres, a menudo, no ven lo que los hombres dicen sin palabras.

9. El lenguaje de los hombres será más efectivo cuanto más entren en contacto con su sensibilidad, pero eso no hará necesariamente más abundante ese lenguaje.

10. Los varones pueden aprender de las mujeres la calidez y la emotividad de las palabras, el goce de la modulación. Las mujeres pueden aprender de los varones la riqueza del silencio que acompaña a los actos.

5. El padre: un amigo postergado

Primera escena: Transcurre una tarde soleada de otoño. Es domingo. Juegan el River y el Boca en el estadio del River. Hay setenta mil personas en las tribunas. Se han acumulado viejas cuentas, antiguos rencores, nuevas urgencias. El River estaba perdiendo desde los tres primeros minutos. Pero ha jugado mejor que el otro equipo durante todo el partido y eso lo ha llevado a empatar antes de finalizar el primer tiempo. Ahora se juegan doce minutos de la segunda parte. El River sigue jugando mejor y en uno de sus muchos ataques ocurre lo inevitable... ¡Penalti! No es un penalti más, no se trata de uno cualquiera. Delante está el maldito Boca. El árbitro Juan Carlos Loustau –de quien cualquier hincha del River ha comprobado en carne propia que es más amigo del Boca que de ellos– ha tenido que señalar la falta, mal que le pese. Es un momento supremo.

Desde los quince años son muy pocos –poquísimos– los domingos que no he ido al fútbol. Se trata de un ritual al que guardo una fidelidad íntima inquebrantable. A lo largo de todo ese tiempo he sido un hincha valiente: jamás he dejado de mirar la ejecución de un penalti, tanto si era a favor o en contra del River. He vivido esos momentos límite con los ojos abiertos, de frente, para bien o para mal. Pero esta vez algo cambia en mí. Siento que no voy a poder mirar lo que sigue.

Va a chutar el *Pelado* Díaz, que es uno de los goleadores más perfectos que ha brindado este juego hermoso y único y que, además, ha regresado al River desde Francia para ser campeón. En lo alto de la tribuna San Martín hay tensión, hay ansiedad, hay rezos, hay goce anticipado. El *Pelado* va a chutar ante la portería que —como dicen los cronistas— da la espalda al Río de la Plata. Él, el balón y la red de la portería forman un viejo trío de cómplices. No tienen secretos entre sí. Se han metido juntos en la cama cientos de veces. Pero yo, hoy, no puedo mirar. Me giro y me pongo de espaldas al campo. Entonces estiro los brazos y encierro entre ellos a Iván, mi hijo. Siento su cuerpo pegado a mí. Tiene quince años y es tan alto como yo, pero más delgado. Es duro y fibroso. Huelo su transpiración. Estamos empapados en sudor, chorreamos adrenalina.

Iván me rodea con sus brazos largos y fuertes. Hasta ahora mi corazón galopaba desbocado, como un potro libre y salvaje, en el interior de mi pecho. Ahora que estamos abrazados mi hijo y yo me cuesta reconocer los latidos que me pertenecen y los que emanan de él. Nos hemos fundido, tenemos un único corazón. Me conmueve esta posibilidad recién estrenada de no mirar y de tener la seguridad de que, sin embargo, voy a ver. Descubro en ese instante que, aquí y ahora, *los ojos de mi hijo son también mis ojos*. Se me eriza la piel.

En la portería del Boca está Navarro Montoya, un «compadrito» con el que jamás nos reconciliaremos, y al humillarlo a él humillaremos a todos los *bosteros* que han sido, son y serán. A pesar de los gritos, siento durante un instante que me rodea un silencio absoluto y sagrado. Iván me sostiene. Yo lo sostengo. Hace semanas que esperamos este partido. Lo hemos hablado, lo hemos soñado, de alguna manera lo hemos jugado. De pronto, sí, el ruido desciende hasta el nivel de un murmullo y después desaparece. Se escucha el silbato. Loustau no tiene más remedio que ordenar la ejecución. La respiración de Iván y la vibración

de su cuerpo me muestran con exactitud lo que está ocurriendo.
El Pelado toma carrerilla hacia el balón, da tres o cuatro pasos, su
cuerpo se inclina levemente hacia la izquierda, sin perder el
equilibrio ni la armonía del movimiento. En un instante, el pie
derecho de Díaz se clava a un lado del balón sobre el césped; durante un momento infinitesimal esa pierna sostendrá el peso de
todo el cuerpo. El pie izquierdo golpea con sequedad y exactitud
el balón. Éste no necesita nada más que eso para partir hacia el
lugar en el que debe estar: cruza el aire y se hunde en la red de
la portería del Boca. Es gol. Es algo maravilloso, único. Es el instante y la acción que ha elegido Dios para demostrar su existencia. El abrazo entre Iván y yo alcanza su punto de fusión: estamos
unidos en la piel, en el latido, en el grito, en las lágrimas. Desde
que él tenía seis años vamos juntos al fútbol, hemos sufrido y
gozado, nos hemos esperanzado y desilusionado, pero nunca
nos hemos fundido como hoy. En ese momento tengo la sensación, la sublime certeza, de que algo muy íntimo se ha sellado entre los dos. Algo de lo que posiblemente jamás hablaremos, pero
tendremos siempre presente y actual. Algo que nos pertenece sólo
a nosotros, padre e hijo, en esta tarde de otoño, únicos e irrepetibles entre otros miles de hombres como nosotros.

Segunda escena: Tengo doce años, quizás trece. Mis padres, mi
hermano y yo vivimos en una ciudad de provincia, en una calle arbolada. Es una mañana calurosa de verano y yo juego en
la acera, a unos metros de la farmacia de mis padres. Nuestra
casa está en el fondo, tiene habitaciones amplias, de techos altos, hay un patio con una parra y una galería y, en el fondo, un
gallinero.

En las ciudades de provincia una manzana es como un conventillo. Se conocen todos los amores y los rencores, las envidías y las pasiones, los éxitos y los fracasos. En la misma manzana que nosotros vive un hombre pequeño e iracundo, de humor explosivo y reacciones intimidatorias. Se dice que suele llevar un arma. Algunos la han visto y es como si todos hubiéramos sido testigos. A partir de entonces lo llamamos por un alias que él, creo, desconoce: Cisco Kid. Tiene tres hijos: Mario, de dieciséis años, Jorge, de mi edad, y Elenita, la menor. Es dueño de una mercería situada en un local delante de su casa. Las habitaciones y el patio están, como corresponde, en el fondo.

Esta mañana calurosa de verano, Jorge juega a unos cuarenta metros de donde yo estoy. No nos llevamos bien, pese a que vamos a la misma escuela y jugamos al baloncesto en el mismo equipo. En realidad no nos hablamos y sólo nos destinamos críticas y burlas a través de amigos y compañeros.

No sé cómo ha ocurrido, pero en determinado momento las distancias se han acortado y estamos a un par de metros, invadiendo mutuamente nuestros territorios. El polvorín de Oriente Medio no habría podido superar, en sus momentos cruciales, la tensión que nos atrapa en ese instante.

Bastaría cualquier tontería para que empezaran las hostilidades. Y la tontería acontece, aunque ahora no la recuerdo. En un momento estamos trenzados en una batalla sin cuartel y sin pautas de juego limpio. Nos pegamos patadas y puñetazos, nos tiramos de los pelos, nos clavamos las uñas en la piel. Chorreamos mocos, sudor y alguna gota de sangre. Estamos ajenos al mundo, a la gente que pasa por la acera y nos observa sin separarnos, ajenos al ruido, a todo lo que no sea este combate sin tregua. Siento, al mismo tiempo, ganas de llorar y de rugir, peleo con fiereza. Es la primera vez que tengo la certeza de que en una pelea pueden ir la vida y el honor. Algo me dice que estoy ganando, algo que multiplica mi furor y mis fuerzas. Aunque lo cierto es que no tengo demasiado tiempo para disfrutar de esa sensación.

De pronto, unos brazos más fuertes que los míos me rodean, me quitan de encima a Jorge, me elevan en el aire y me arrojan sobre las baldosas de la calzada. Caigo desprotegido, inmovilizado por la sorpresa. Me duelen las rodillas, que han golpeado contra el suelo duro. Trato de ponerme en pie, pero una bofetada vuelve a derribarme. Entonces veo, por fin, quién es mi atacante. Mario. Me pega y me insulta, sin dejarme reaccionar. Mientras Jorge observa a su hermano vengador y empieza a recomponerse, yo no logro siquiera darme a la fuga. Mario es enorme ante mis ojos. Tapa el cielo y el sol. Y me pega. Y continúa pegándome. Hasta que su figura desaparece de mi vista, dejan de caer los golpes y ya no lo tengo encima de mí. Tardo un instante en abrir los ojos y mirar.

Mario vuela por el aire. Ha recibido una patada en el culo, una patada tan exacta que lo arroja a tres o cuatro metros de donde estaba. Cae de bruces, intentando protegerse con los brazos para que su cara de camello —así lo veía yo— no se rompa contra el suelo duro y sucio. Antes de que pueda recomponerse, otro puntapié se clava en el mismo lugar. Su culo ahora parece tener un imán que atrae todas las patadas, una detrás de otra. Y así, a patadas en el culo, rítmicas y metódicas, es conducido a lo largo de la media manzana que lo separa de su casa. Allí, ante la puerta de la mercería, recibe el último impacto.

Mi salvador se da la vuelta y camina hacia mí. Lleva una chaqueta blanca y pantalón oscuro. Randolph Scott no lo habría hecho mejor. Este hombre que llega hasta donde estoy, que me ayuda a incorporarme y que mira mis rasguños y moretones antes de pasarme una mano por el pelo y abrazarme, este hombre que ahora me parece gigante y sólido, que me besa y me pincha con su bigote, que huele a tabaco y a pastillas de menta, este hombre —que se llama Moisés como el que salvó a los judíos en el desierto— *es mi padre*.

La historia no termina todavía. Cuando Mario —el cobarde de esta historia— desaparece de la escena, aparece *Cisco Kid*. Viene furioso. ¿Traerá su arma? ¿Va a matar a mi padre? Llega gritando. Mi padre no retrocede. Se enfrentan cara a cara, gritándose. Gesticulan. Se amenazan. No retroceden.

Estoy asustado y rabioso. Quisiera saltar encima de Cisco Kid y pegarle, morderle, hacerle algo que proteja a papá. Finalmente, eso no es necesario. Solo, el tipo empieza a retroceder. Grita, amenaza, pero no hace nada de lo que promete y finalmente se va, se pierde detrás de la puerta de su casa. Mi padre no ha retrocedido un solo paso. Mi padre, que es un hombre manso, y al que muchas veces habré de reprochar en años posteriores que no se la jugara por él o que no fuera más sólido en su apoyo por mí (cuando yo defendía mis decisiones con una furia que era el maquillaje del miedo), había mostrado sus garras, sus dientes, su furor cuando me vio indefenso y en peligro. Y me dejó esta escena en las entrañas. Nunca antes se la había contado y quizás él mismo tome conciencia de ella, ahora, al leerla.

Tercera escena: Mi padre ahora tiene más de setenta años. El mediodía de un domingo, mientras almorzamos con mi hijo en su casa, se me ocurre preguntar por algunas cuestiones puntuales acerca de mi abuelo paterno, Miguel, que murió cuando yo tenía once años. Sé que fue un abnegado maestro de yiddish durante los años de las colonias judías en el interior de Argentina; sé que fue un pionero del periodismo de la comunidad; sé que fue un hombre vital, combativo, que tuvo dos matrimonios y, estoy seguro, muchas mujeres. Sé que murió a los ochenta y pico, lúcido, empecinado, y que dejó en el carro de su máquina de escribir la hoja en la que estaba contestando a un contrincante en una dura polémica sostenida a través de un diario judío. Sé que sus amigos, sus compañeros y sus hijos lo quisieron, y que sus adversarios lo respetaron. Lo curioso es que no puedo decir cómo lo sé. Nadie me lo ha contado de una manera ordenada y puntual. Yo no llegué a verlo demasiadas veces en mi vida. Tampoco, en general, he preguntado mucho. Sin embargo la semblanza de mi abuelo se fue conformando con volumen propio, sólido.

Ahora, ante mis preguntas, mi padre empieza a hablar sobre el suyo. Y parece despertar del letargo en el que lo he notado durante los últimos tiempos. Su voz retoma cierta limpidez y la cálida vibración que recuerdo de la infancia. Sus ojos brillan, sus manos acompañan el relato. El perfil que dibuja de su padre está trazado con un cariño íntimo, quizás tímido en un principio y, poco a poco, con una veneración que lo va convirtiendo a él, a mi padre, en una persona más joven, más enérgica. Me gusta escuchar ese relato, me gusta ver a mi viejo atento y estimulado, empeñado en transmitir sus palabras con fuerza, con precisión. Con disimulo, observo a mi hijo: está atento también a lo que cuenta su abuelo. Con ese estilo adolescente que a veces aparenta independencia y a veces indiferencia, pero que bebe y digiere toda información que alimente su identidad, permanece pendiente de cada palabra y no le quita los ojos de encima a mi padre. Mi madre es una presencia discreta que no interfiere en ese encadenamiento de historias masculinas. Un escozor suave ablanda mi pecho. Me gusta ver así a mi padre. Me conmueve recibir de este modo el relato (¿el legado?) sobre mi abuelo. Me felicito por haber hecho las preguntas, aún sin entender qué fue lo que me llevó a plantearlas justamente hoy. De todas maneras, esas cosas no se preguntan. Se viven.

No es por casualidad que estas tres escenas de mi vida convergen aquí. Siento que en ellas hay mucha de la materia prima con la que, en general, se amasa la relación entre padre e hijo. Los materiales básicos de esa relación son los silencios, las acciones que reemplazan a las palabras, los actos, las cosas que no se dicen en vida y que son motivo de eterno homenaje después.

Hay un tango que se llama *Pobre mi madre querida*. Hay canciones, poemas, aforismos, que hablan de la madre, de su sufrimiento, de su devoción. Quizás exageran, pero no mienten. La maternidad encierra devoción, sacrificio, entrega. Es maravilloso comprobar cómo todas las mujeres saben eso, lo llevan dentro de sí, sin necesidad de que nadie se lo enseñe. Una madre es una madre, tiene corazón, entrañas, ojos, intuición, manos, oídos, pecho y palabras de madre. Ocurre así y es conmovedor. Conmueve ver a una mujer florecer como madre.

Frente a esto no conozco ningún tango que se llame *Pobre mi padre querido*. Ni abunda la literatura ni la mitología sobre el dolor o la abnegación paternas. ¿Por qué sabemos que las madres sufren? Ante todo, porque ellas lo dicen. ¿Chantaje materno? Yo no diría que es sólo eso. Lo llamaría, mejor, *condición femenina*. Más allá de sometimientos y desventajas seculares —o quizás debido a ello— las mujeres están más acostumbradas que nosotros a hablar de lo que les pasa, de lo que las aqueja, de sus sufrimientos. Tienen mayor percepción de ellos y los comunican. Las mujeres —cuando se trata de los sentimientos— *hablan*, mientras que los hombres *callamos*. Por lo tanto, se sabe lo que les ocurre y eso que se sabe pasa a ser de dominio y manejo público. Se hace canción, libro, relato, poema, aforismo, creencia, mito, etc.

Por otro lado, la distribución de roles masculinos y femeninos ha establecido que quienes se ocupan de forma directa de la cría son las mujeres. Las madres gestan y amamantan. A los hombres nos corresponde proveer, salir en busca de la manutención, asegurar la supervivencia del recién nacido y de la madre. Éste es un primer paso para hacer del padre una figura inicialmente ausente. O ni siquiera una figura: la figura es la madre, el padre es el fondo. La educación masculina ha contribuido, por su parte, a acentuar esa condición del hombre-padre hasta llevarlo, lisa y llanamente, a desentenderse de la educación afectiva de su hijo. Mientras el hombre hace lo que mejor sabe —o lo que le dijeron que mejor sabe—, la mujer se encarga de la formación del niño. Es de ella de quien recibimos las primeras nociones tácticas y explícitas acerca de los sentimientos, y es a ella a quien primero vemos *sentir*.

De embriones y poderes

Con los padres pasa algo diferente. Un anuncio que recientemente publicaron los diarios ante la inminencia de las vacaciones de invierno estaba dirigido a ellos y tenía este titular: «¿Cuánto hace que no se siente "superpapá"?». Es habitual que la publicidad se valga —con mayor o menor creatividad— de los valores reinantes en la sociedad para vender. Este anuncio no hacía más que cumplir con la premisa. ¿En qué consistía, de acuerdo con los creativos, la «superpaternidad»? En pagar a la esposa y a los hijos una semana de vacaciones en un complejo turístico. Es decir, en proveer. Para lo cual, antes, ese «superpapá» habrá tenido que competir y deberá haber ganado. Algo imposible sin ser fuerte y sin saber cómo. «Parece como si el hombre estuviera condenado a ser proveedor, y que su rol no existiera si no fuera acompañado de una parte económica», comentó la terapeuta y auténtica maestra chilena Nana Schnake en una entrevista que le hice no hace mucho. Y eso, creo, es lo que ha ocurrido con nuestros padres generación tras generación. Han estado sometidos a su condición de proveedores. Enfrentándose a otros hombres en territorios lejos del hogar, como lo hacían nuestros antepasados cavernícolas. ¿Quién nos enseñaba a ser hombres, entonces? Nadie podía si no eran ellos.

Robert Bly supo escribir: «Solamente una mujer puede convertir un embrión en niño, pero solamente un hombre puede convertir a un niño en hombre». Si sólo hubiera dicho esto, la vida de Bly ya habría estado justificada. La primera parte de su premisa se cumple inexorablemente. Hasta la naturaleza lo quiere así. La gran deuda está en la segunda. Nuestros padres han estado habitualmente ocupados en ser «superpapás». De ellos tomamos nuestros modelos de masculinidad, del modelo en el que ellos mismos han estado atrapados. Carlos tiene cuarenta y nueve años. Su padre murió hace cinco. Su relación con él fue cariñosa, pero no fácil. Hoy Carlos se siente reconciliado con su padre, a pesar de todo. ¿Qué le hace sentir que todo está en orden entre los dos? Una simple frase que el hombre le dijo no mucho antes de su muerte, cuando Carlos le planteaba un reproche acerca de algo que su padre no le había explicado años atrás. «Es que no lo sabía», dijo el hombre. «Sencillamente, no lo sabía.»

El padre de Jorge —que hoy tiene cuarenta y dos años— murió hace unos meses, cuando su hijo empezaba a emerger de una difícil situación: se había separado en condiciones beligerantes de un largo matrimonio y, simultáneamente, perdió su trabajo en una gran editorial venida a menos. Jorge tardó dos años en salir del trance. En ese lapso, su padre —con quien no había tenido un contacto excepcional— estuvo cerca de él. Hablaron mucho, se acompañaron. Jorge dice ahora —todavía dolorido por la pérdida— que no se quedó con nada pendiente que decir a su padre. Esos dos últimos años hicieron que las cuentas cuadraran. La muerte del hombre fue por sorpresa, pero Jorge dice que «yo lo vi vivir como él quería, y eso me deja tranquilo».

Estos casos, que conocí de cerca, son conmovedores, pero no son mayoritarios. Es más habitual —en la experiencia de lo que he oído, vivido y compartido— que la muerte del padre encuentre a los hombres con cosas no dichas. Lo más común, al menos hasta nuestra generación, ha sido que nuestros padres trabajaron mucho, pero que nosotros no los vimos trabajar. Lo que más conocíamos de su actividad era, en todo caso, el resultado. Seguramente hemos visto llorar a nuestras madres, pero sólo excepcionalmente —si es que los hemos visto— a nuestros padres. Tampoco los hemos visto enfermos, y si algún sufrimiento percibimos alguna vez en ellos, fue silencioso. Antes mudos y distantes que quejosos. Donald H. Bell, un profesor de historia social que, tras el fracaso doloroso de su propia experiencia matrimonial, escribió el libro *Ser varón*,[13] reflexiona: «De nuestros padres hemos aprendido que si los hombres pueden expresar algún sentimiento, por supuesto ha de estar incluido dentro de una gama muy reducida».

Entre todas las cosas que el modelo masculino pretende que un hombre sepa por el solo hecho de haber nacido varón, se cuenta el ejercicio de la paternidad. Durante generaciones, los hombres se limitaron a ser con sus hijos del mismo modo que

---

13. Tusquets Editores, Barcelona 1987.

sus padres habían sido con ellos. Bastaba con esa ley. Ahí no quedaba demasiado resquicio donde preguntarse para qué ser padre o qué significaba eso en la configuración de sus vidas. ¿A quién se le hubiera ocurrido, de todas maneras, hacer semejante pregunta? En el modelo masculino que predominó durante años en nuestra cultura, convertirse en padre demostraba (demuestra), en primer lugar, que uno es potente y se desembaraza del fantasma de la esterilidad que suele habitar en las fantasías masculinas, siempre orientadas a la productividad. En segundo término, el hecho permite complacer por lo menos a dos mujeres: la esposa y la madre. Ante la esposa —dice el ya citado Herb Goldberg— se demuestra cariño, preocupación por permitirle realizarse como mujer. Ante la madre se hace un voto de responsabilidad. Uno pasa a ser (¿definitivamente?) mayor.

Y quedan más razones por las cuales, en el modelo que nos entrampa, la paternidad es legitimizada y convalidada. Uno aparece también como responsable ante otros hombres, especialmente jefes, empresarios o subordinados. Queda consolidado como «jefe de familia». A eso se suma que se perpetúa el propio apellido, se gana cierta dosis de inmortalidad. Todo esto sin citar razones compartidas con las mujeres, como la posibilidad de encontrar el chivo expiatorio (el niño) para una relación de pareja que no funciona, o la de prevenirse de la temida y supuesta soledad que vendrá con la vejez o la de encontrar un depositario que será asfixiado con manifestaciones de amor egoísta.

Cierto analfabetismo
Conviene aclarar cuanto antes que los párrafos anteriores no son un manifiesto *contra* la paternidad, sino más bien un alegato a fa-

EL PADRE: UN AMIGO POSTERGADO

vor de la *paternidad responsable*. Soy padre, soy hijo, vivo entre y con padres e hijos. Siento que la paternidad es una misión. No es una obligación, no es una exigencia, no es un deber, no es una deuda. Es una *elección*. No nos llega, no nos dan, no nos encomiendan, no nos toca un hijo. Nosotros lo elegimos. Mejor dicho: como personas en primer lugar, y como varones inmediatamente después, tenemos el derecho de *elegir ser padres*. Esto es la contrapartida de ser elegidos como padres, algo a lo que muchos hombres son sometidos por mujeres que eligen ser madres solteras, una tendencia aún no muy notoria pero existente, que aparece como una deformación —o deformidad— de la liberación femenina mal entendida.

Cuando elegimos ser padres, elegimos ser los padres de *ese* hijo. Tenemos una *misión*, y no podemos evadirnos de ella. «Sólo un hombre puede convertir a un niño en hombre.» Y ésta no es una misión para un proveedor infalible, para un luchador invencible, para un sabelotodo sin fisuras, para un macho a prueba de balas, de dudas y de sentimientos. A partir del momento en que elegimos ser padres de nuestros hijos, vamos a vivir *juntos* una experiencia inédita. Nunca hemos sido padres antes —y si lo fuimos, no hemos sido los padres de *este* hijo, tan único e irrepetible como todos los seres humanos— y ellos no han sido hijos antes. De lo primero que un padre tiene que proveer a su hijo es de *su presencia*.

Todo es nuevo en la vida de nuestros hijos. Ellos no han sido varones antes, lo *están siendo* en este momento, en cada minuto de su vida. ¿Qué es ser varón? Lo aprenden de sus madres o lo aprenden *con* nosotros.

Hasta la generación que nos precede la opción estaba clara. Los hijos de esa generación son los hombres que hoy se lamentan de no haber tenido intimidad con sus padres. «Cuando me quedo solo con él no sé de qué hablar. Los temas salen forzados, me siento incómodo», dice Guillermo, que tiene treinta y ocho años, una profesión, un divorcio y una nueva pareja. Miles y miles de hombres podemos eliminar de la frase el nombre de Guillermo e incluir el nuestro. Miles y miles de hombres hemos ingresado en el mundo de los adultos, en el mundo de los varones, en el mundo de los demás hombres, como hemos podido. Con miedos, con vergüenzas y con ignorancias ominosas y silenciadas. Necesitábamos que nuestros padres nos dieran su autorización para tramitar el pasaporte. El doctor Frank Pittman dice algo muy bello y doloroso al respecto: «Los padres tienen la tarea de decirles a sus hijos cuándo son lo suficientemente masculinos como para ser aceptados como hombres. Sin esta valoración, los hombres tienden a volverse muy competitivos, demasiado lógicos, demasiado dominantes, demasiado independientes. Necesitamos muy especialmente la aprobación de nuestros jefes, y sin ella nos sentimos heridos o furiosos. Necesitamos un hombre mayor que modele para nosotros una imagen masculina más nutritiva y que nos diga que somos dignos de ser amados y aceptables para otros hombres. El hambre de padre es casi universal en las sociedades en las que el ideal de masculinidad incluye el distanciamiento emocional».

Somos hijos de padres que nos mostraron su blindaje antes que su pulpa. Así los describe Donald Bell: «Nos amaron y quisieron que fuésemos como ellos (o aún mejores), pero topaban a menudo con la dificultad de transmitirnos ese amor, y nos trataban como se trata a un rival. Nos enseñaron que el hombre debe controlar sus emociones y tiene que ser competente tanto en el trabajo como en la vida privada. Nos enseñaron que un hombre no debe expresar sus afectos, que una expresividad abierta es un signo de debilidad, es cosa de hembras». ¿Vamos a ser como ellos? Ya no es posible. Nos ocurre algo que a ellos no les pasó: dudamos. Sospechamos que hay otros modos posibles de ser varones, de ser padres, de ser hijos. No vamos a ser como ellos. Sin embargo, tendremos muchas cosas de ellos y las repetiremos. Lo haremos justamente porque no somos «superpapás». No tenemos infalibilidad para cambiar el modelo. Muchas de nuestras dudas serán las mismas que tuvieron nuestros padres. ¿Cuántos hombres de mi generación han pasado con absoluta soltura por la primera conversación sobre sexo con su hijo varón púber? Y cito sólo ese ejemplo. Sin embargo, hay algo en lo que introducimos el cambio. Estamos dejando que nuestros hijos nos vean dudar. Estamos descubriendo junto a ellos. Y esto —la duda, la falibilidad, la vulnerabilidad, el relato de la experiencia propia como vivencia pero no como dogma— genera de por sí una intimidad cuya riqueza no tiene medida. ¿Nos resta autoridad esta forma de ser padres? ¿La pone en peligro? En realidad, la fortalece de una manera fluida y natural, sin obligarnos a reforzarla. Nos muestra reales y nos confiere esa autoridad. En realidad yo creo que el lugar del padre se ocupa o se abandona, *pero no se pierde*. Esto es algo que nos iría muy bien tener presente a los varones en estos tiempos de crisis de modelos, de fluidez en las relaciones y en los mandatos, de separaciones y de divorcios. Somos los únicos padres de nuestros hijos. Esto no está en discusión y ni siquiera necesita ser refrendado. Ellos lo saben, pero nosotros no siempre lo sabemos. La paternidad es un camino de ida. Nosotros elegimos cómo recorrerlo. *No hay otro responsable*.

El padre interior

Mientras tanto, hay algo que podemos permitirnos. El pasado es el que es. Ya transcurrió, resulta inmodificable. Es más, el pasado no es más que *nuestra versión de cómo sucedieron las cosas.* Una versión que cambia, o puede cambiar, en cada nuevo instante de nuestro presente. Lo que es, es el presente. Lo que somos es la versión permanentemente actualizada de nosotros mismos. Podemos elegir vivir amarrados a una versión del pasado. Una versión rencorosa, o una nostálgica, o una de autoconmiseración. Podemos vivir en el lamento constante por el padre que tuvimos o por el que no tuvimos, podemos instalarnos en el reproche o en la rabia.

Podemos, en fin, estancarnos en una interpretación permanente de algo que ya no es una experiencia presente. O, por el contrario, nos está permitido —desde este presente que vivimos y en el que se configuran nuestras emociones, nuestros sentimientos y nuestros pensamientos— elegir otra versión de ese pasado, no menos real y sí más reconfortante.

Quiero decir: *nada nos impide hoy, ya adultos y responsables conscientes de nuestra vida, elegir a nuestro padre.* Tuvimos el padre que aquel hombre pudo ser, no el que quiso ser. Pero hoy tenemos suficiente tiempo, amor y piedad como para recordar su figura con calma y recoger de ella sus aspectos positivos. Con ellos —aunque sea con uno solo si no encontramos más— podemos contar con un padre y vivir con él. No es una mentira: es uno de los padres o una de las versiones de padre que tenemos dentro. Quizá hasta ahora hemos elegido convivir y pelear con una. ¿No nos merecemos disfrutar de la otra? ¿No somos también producto de ella? Me invento amigos y enemigos, amores y odios, triunfos y derrotas. ¿Por qué no he de inventarme un padre si tengo en mi interior los elementos reales para construirlo? ¿Por qué no he de ayudar a esa parte de mi padre a salir a la luz, por lo menos la luz de mi conciencia? Desde ahí, quizá, esta noche podré decir que no. No *a esos mandatos según los cuales un padre deber ser un* «superpapá», proveedor, distante, inaccesible, irascible, fuerte, insuperable. De mi propio padre –para el que he tenido quejas variadas a lo largo de mi vida– he elegido al empezar este capítulo una versión que siempre se mantuvo en el fondo, borrosa. Hoy pasa del fondo al exterior. Figura. Es real.

 Esta noche no, entonces. Esta noche no estoy disponible para otra versión que no sea ésa. Esta noche quiero quedarme con ese padre mío, quiero unirlo al padre que yo puedo y que yo sé ser. Esta noche no esperéis que yo sea «superpapá». Quiero estar libre de eso y liberar también a mi hijo. Ambos nos lo merecemos.

DIEZ IDEAS PARA RECORDAR

1. Sobre la maternidad se escribe y se reflexiona. Se elaboran poemas y homenajes y se canta. La paternidad, en cambio, se mantiene en un nivel bajo.

2. Las mujeres gestan y amamantan, crían y educan. Los hombres proveen de seguridad y manutención. Para cumplir con esta asignación, el hombre debe estar fuera de casa, en el mundo exterior. El hogar es territorio materno. Las madres forman a los niños.

3. Sólo una mujer puede convertir un embrión en niño, pero sólo un hombre puede convertir «a un niño en hombre», señala Robert Bly. La primera parte se cumple, en la segunda se nota la ausencia paterna.

4. La ausencia del padre en períodos decisivos de la formación del varón hace que se acumulen entre ambos las cosas no dichas y que esos silencios se vuelvan dolorosos e irreparables cuando sobreviene la muerte del progenitor.

5. Los hombres, en general, no reflexionan ni se cuestionan nada acerca de la paternidad. A lo sumo sienten que ella certifica que son potentes y les permite satisfacer la expectativa de dos mujeres: su madre —ante la cual crecen al ser padres— y su esposa, que se siente realizada al tener un hijo.

6. La paternidad no es un deber ni una obligación. Se trata de una elección y permite el cumplimiento de una misión.

7. La paternidad es un ejercicio de responsabilidad y, a la vez, un camino de ida. Una vez que se es padre, no se puede dejar de serlo, ya sea por presencia o por omisión.

8. El distanciamiento emocional que generaciones enteras de padres pusieron ante sus hijos creó legiones de varones que crecieron y se desarrollaron con «hambre de padre».

9. La figura paterna puede ser reparada a partir de nuestros propios recuerdos y vivencias, discriminando lo que nuestros padres no hicieron, o hicieron mal, de lo que sí nos dieron.

10. Mostrarnos ante nuestros hijos como personas que dudamos, que nos equivocamos, que tenemos flexibilidad y que estamos en caminos de búsqueda y crecimiento no hace peligrar nuestra relación.

6. El hombre solo

Estaba a mitad de camino entre mis dieciséis y mis diecisiete años. Moría el verano y hacía un par de meses que, después de pasar con éxito mi examen pendiente de química, había terminado mis estudios secundarios en el Colegio Nacional Absalón Rojas, de Santiago del Estero. Allí vivía mi familia desde que yo tenía cuatro años. Ahora era bachiller. Bravo, ¿y entonces qué? Quería escribir, ser periodista. Aunque aquello pudiera estudiarse o no, yo iba a tener que volver a Buenos Aires. Se cerraba el capítulo de mi vida en La Banda y allí estaba, en el andén de la estación, cargando mi equipaje en el «Estrella del Norte»: un par de maletas, un bolso y un paquete que contenía pollo hervido, pan, un huevo duro, un tomate y manzanas. Me acompañaban mi padre, mi hermano Horacio y mi madre. Ella viajaría conmigo para ayudarme a instalarme.

No sé en qué momento empecé a llorar. Sí recuerdo que, con intermitencias, el llanto duró todo el largo viaje. Eran lágrimas de un manantial profundo, íntimo, que subía desde mis entrañas. Lloraba el fin de la infancia y quizá de la inocencia. El adiós al nido, la separación de lo conocido, la marcha hacia lo insondable. Lloraba con miedo, con amor, con terror, con nostalgia anticipada, con pánico, con tristeza, con emoción, con reconocimiento, *con miedo, con terror, con pánico*... Al final de las vías que se extendían inexorables esperaban, más cerca o más lejos, mi edad adulta, mi futuro, mi vida como hombre.

Durante los primeros meses de mi nueva vida en Buenos Aires (horas y horas en la Facultad de Filosofía y Letras y en sus alrededores, descubrimiento de la ciudad, el Subte, las calles, los estadios de fútbol, etc.), la memoria de lo dejado no cesaba de lastimarme cortándome el pecho con un dolor afilado. Hacia mitad de año me había mudado de mi pensión inicial a un apartamento más que suficiente para mí. Tenía algunos amigos, conocía el barrio y los lugares en los que me movía habitualmente. Empezaba a asomar la nariz por el entorno de algunas redacciones. El dolor comenzaba a ceder ante las nuevas vivencias, empezaba a prevalecer el tiempo presente. Al mismo tiempo se espaciaban mis viajes a la provincia —al principio quincenales y mensuales— para visitar a mi familia y amigos. Cuando llegó fin de año, me costó ir a casa de mis padres a pasar allí las fiestas, y ese verano, un año después de partir, empecé a echar de menos mi rutina en Buenos Aires. A partir del segundo año vivía con placer, con cierto orgullo, y hoy no deja de llamarme la atención, con bastante eficacia, mi vida de autonomía precoz (para la independencia me faltaba aún un año antes de empezar a cobrar mis primeras crónicas periodísticas y obtener mi primer sueldo). El dolor de la separación fue intenso, conmovedor y, en definitiva, no muy dilatado en el tiempo. Hoy podría añadirle un par de adjetivos: providencial y necesario.

Creo que no hay proceso de despegue —y de *desapego*— que no encierre una dosis de dolor por lo que se deja. Pero crecer es dejar, desprenderse, salir. Si el dolor fuera un obstáculo paralizante, sería una trampa. En mi caso lo considero además providencial porque las circunstancias geográficas —y la intuición de mis padres— lo hicieron presente en un momento temprano de mi vida, en una instancia fundacional, cuando no habían aparecido aún callosidades. Haber empezado a vivir solo cuando todavía era un adolescente fue una experiencia que me enseñó mucho. Aprendí a estar conmigo, a conocer y evaluar mis propios recursos, a usarlos. Aprendí a cuidarme, a tener un registro de mis necesidades verdaderas y a saber cuándo deseaba verdaderamente compañía y de qué tipo. Aunque quizá en esa época no era consciente de ello, estaba aprendiendo que *estar solo no es estar abandonado*.

Después de doce años de matrimonio, a los treinta y cinco, volví a estar solo. Ya no era un adolescente, sino un adulto. Había acumulado otras vivencias —una carrera profesional consolidada, la paternidad, años vividos en otro país, proyectos en marcha, nuevas ideas y posiciones ante la vida, etc.–. Esta vez la soledad elegida me proporcionó tantas enseñanzas nuevas como la anterior y como la vida compartida. En primer término, me dio la oportunidad de enfrentarme a mí mismo, de ponerme en contacto íntimo y despojado con mi propio interior en un momento clave del proceso de madurez. Aprendí, otra vez, desde otras situaciones, que vivir solo es una oportunidad de diferenciarse, de saber quién es uno y de relacionarse desde esa identidad.

Entiendo que en una sociedad donde la palabra libertad luce mejor en las camisetas, en las canciones y en la boca de los demagogos políticos, culturales y sociales que en la vida real de las personas, el vocablo *soledad* tenga mala prensa. Una persona sola puede aprender quizá con mayor facilidad que todo lo que necesita lo tiene en sí misma, puede aprender a relacionarse con los demás no desde la exigencia, desde el chantaje emocional ni desde la necesidad, sino desde la *integridad*. Puede desprenderse de mandatos que la entrampan. Una persona sola tiene a mano la posibilidad de definirse como individuo, como alguien único e irrepetible, que se relaciona con cada *otro* desde esa *separatidad* (como la llamaba Erich Fromm). Tiene la posibilidad de establecer con los demás —con cada *otro*, insisto— una relación responsable y, por eso mismo, libre. No una relación de poder y sometimiento alternativo. Y la libertad verdadera, la que nace en el interior de cada individuo discriminado, con capacidad de reconocerse y *autoasistirse* como tal, es peligrosa para los núcleos de poder. ¿Cómo controlar la producción y la reproducción —de las ideas, de las personas, de los bienes— si cada uno es libre de vivir su vida y es el único responsable de ella?

El gran vértigo

Los varones no tenemos mucha resistencia a la soledad. Podemos aguantar muchas otras cosas —el dolor físico, la carga, el esfuerzo— porque se nos educa y acondiciona para ello. Pero no la soledad. Muchas veces incluye la quietud y para nosotros es prioritaria la acción. En la soledad se abre el campo propicio para el contacto con las propias emociones, y nos han enseñado a ocultarnos de ellas y a ocultarlas. La soledad es un marco en el cual las personas pueden consolidarse como tales integrando sus partes, entre ellas su femenino y su masculino. Las mujeres permitirán que su varón interior se desarrolle haciéndose hábiles en áreas —prácticas, económicas, etc.— en las que prejuicios y creencias las consideran nulas. Los hombres podrían alentar el crecimiento de características femeninas —domésticas, sensitivas, etc.— delegadas a las mujeres con cierto desdén.

La práctica muestra que, al quedarse solas (por una separación, emancipación, viudedad o lo que sea) son ellas quienes, aparentemente, se desempeñan con más eficacia. También son las que tienden a prolongar más su situación (al menos si logran evadir la presión de una maternidad no consumada todavía). Un varón que accede a la soledad (por el motivo que fuere) aparece con frecuencia como alguien que tiene dificultades para ordenar un espacio y para permanecer en él. Hay actividades que directamente anula, abandona o ignora o que, muchas veces, cumple con sentimiento de vergüenza (me refiero a las compras, la cocina, etc.). De hecho –no hay estadísticas, pero los especialistas a los que he consultado coinciden en que es así–, las tendencias muestran que los hombres que se separan forman una nueva pareja (estable) antes que sus mujeres. Quizá en el fondo de este proceso subyace ese fenómeno por el cual cuando una mujer permite crecer su parte interior masculina, madura, se completa y se consolida como ser humano (así se la acepta, así se ve ella), mientras un varón que permite que sus aspectos femeninos se desarrollen corre el riesgo de ser considerado un blando, un maricón, un débil (de acuerdo con los códigos y los juicios de su género).

Esto es paradójico. Desde la adolescencia, a los varones se nos dice que podemos arreglárnoslas solos (a la hora de un viaje de estudios o de una salida nocturna, los padres sufren mucho menos por el varón que por la mujer). Pero el mensaje es tramposo. Dice: «solos *contra* los otros», «solos *contra* el mundo», «solos *contra* la adversidad». Ese «solos» es sinónimo de quedarse abandonado a su suerte, a su coraje, a «sus pelotas», a su resistencia. Sin embargo, nada se nos enseña acerca de la otra soledad. No la del sacrificio y el aguante, sino la de percibirse a uno mismo, la del contacto con nuestra sensibilidad y nuestra emoción, la del crecimiento individual y personal. La soledad que nos está indicada es la de apretar los dientes y «aguantar». Los modelos de hombres solos que se nos ofrecen –los héroes del cine, de la literatura, de la historieta, de la leyenda y de la mitología– no están solos, sino que son *solitarios*. Desarrollan alguna virtud hasta el grado de la excelencia, pero tienen prácticamente mutilada o postergada el área de la afectividad. El crítico cinematográfico y editor italiano Sandro Toni escribió el libro *Guía para hombres solitarios*, que fluctúa entre la ironía, la crueldad, la lucidez, el cinismo y la diversión. Y allí dice: «La soledad es la compañía de los grandes, desde Pecos Bill hasta Moustaki, que les permite meditar sobre sus acciones, sobre las estrategias y sobre las tácticas a desarrollar para lograr los objetivos que se han propuesto como solitarios». Estos «solos», admirados de lejos, son los que se quedan abandonados.

El coraje olvidado

«Es preciso saber que cada individuo es único, y por lo tanto está solo en su vida interior y en sus elecciones más profundas. (...) Nos enfrentamos a nosotros mismos sin la diversión de un entorno animado: gente, ruido, voces que a muchos les permiten evitar la confrontación consigo mismos. (...) Ya sea que vivamos solos, en pareja, en familia o en grupo, todos tenemos tiempos huecos, vacíos, angustias. El entorno sirve a menudo para olvidarlos o para llenarlos, al menos en apariencia. Todo el mundo tiene derecho a esa soledad inherente a la condición humana, no sólo los solteros. Si no la aceptamos a tiempo nos atrapará cruelmente después... y con más fuerza.»

Estos párrafos pertenecen a *Los que vivimos solos*, libro escrito por una mujer: Odile Lamouréere.[14] Creo que lo que dice vale para todos los seres humanos, aunque estos tramos en par-

---

14. Odile Lamouréere, *Los que vivimos solos*, Ediciones Paidós Ibérica, Barcelona 1994.

ticular me parecen especiales para enfocar la cuestión de la soledad masculina.

Preparados para la vorágine de la lucha, de la competición, del esfuerzo, de la conquista, de la producción, ensamblados con creencias y conductas, mandatos y modelos que nos orientan hacia fuera, los varones tenemos una capacidad de introspección limitada. Al habérsenos alienado de nuestros sentimientos, nuestras emociones y nuestra sensibilidad más profunda, se nos ha privado de la posibilidad de estar solos no para luchar, ni para ser admirados, ni para plasmar la inaccesibilidad, ni para probar nuestra valentía, sino solos para estar solos, para bajar la guardia, para refugiarnos en lo que sentimos, para ocuparnos de nosotros mismos. He visto amigos míos recién separados entrar en pánico ante la eventualidad de estar solos. Los he visto huir literalmente de sus pisos al caer la tarde o evitar llegar a ese lugar por la noche. He visto sus neveras y alacenas vacías, incapaces de proveerse a sí mismos de la misma manera en que se nos ha dicho que debemos proveer a los (¿las?) demás. Los hombres, en general, están preparados para la soledad como un punto de fuga o como una trinchera desde la cual combatir o resistir. No como una *opción* desde la cual *discriminarse* para saber quiénes son, qué quieren, qué pueden.

También aquí yo advierto una ventaja en las mujeres. Ellas han estado de veras tan sometidas durante decenios que, cada vez más, asumen la posibilidad de estar solas como un camino más para la recuperación y el establecimiento de sus espacios propios. Es una conquista. Incluso el «necesito estar sola» es una razón muy difundida para plantear separaciones.

En los varones, en cambio, su capacidad de desenvolverse solos es algo que se da por descontado desde que se les «lanza a la vida». Y esto es falso. Oscar *Ringo* Bonavena solía decir con dramática sencillez y contundencia que, cuando suena el gong y se inicia un combate de boxeo, el pugilista queda absolutamente solo, librado a sus medios. «Hasta el banquito te quitan», decía. Y, como ocurre con los deportes, aquí se encierra una metáfora de la vida. En este caso, de la vida masculina: solo y a golpes, a pegar antes de que te peguen, a matar o morir. La otra opción de la soledad, la de *elegirla* como un camino de crecimiento, no nos ha sido ofrecida en el menú de la educación masculina.

La soledad elegida es el contexto en el cual podemos descubrir, calibrar, recorrer y empuñar nuestros propios recursos: es una instancia de cristalización de la *autoasistencia*. Sin embargo, la soledad que se nos ofrece a los varones no es ésta precisamente: allí están los divorciados que, sin que esto sea objeto de discusión, se quedan sin sus hijos y sin su hogar. Están los soldados que van a las guerras, los boxeadores, de los que ya he hablado, los obreros en las alturas de los andamios, y así se podrían enumerar ejemplos cotidianos y excepcionales, simples y complejos. En todos los casos se vería una y otra vez lo mismo: cómo toda la capacidad que un hombre puede exhibir para manejarse solo en el mundo social, laboral o profesional, en el mundo en el que se desenvuelve como proveedor, se convierte en indefensión, ineficacia y carencia cuando se enfrenta *solo* a la alternativa de quedarse con sus sensaciones y sentimientos.

Déjate algo puesto

Se nos ofrece el mundo, el poder, la cima, la admiración, el respeto, el temor, si somos capaces de ganar (solos) los desafíos que nos plantean. Sue Askew y Carol Ross son dos pedagogas inglesas dedicadas al tema de la educación antisexista. De eso trata su libro *Los chicos no lloran*,[15] en el que mencionan una investigación acerca de lo que se espera de los varones desde su niñez: «Que sean distantes, que lleven la voz cantante y que permanezcan al margen de los demás». Obedeciendo a la consigna –que les confirma su «hombría»–, los varones cumplen. Agachan la cabeza y van. Hasta que en algún momento de la vida llega el descubrimiento: permanecer al margen de los demás, evitar el choque emocional era –antes que nada– estar al margen de uno mismo. Y la comprobación suele ocurrir al calor de alguna situación dolorosa: divorcio, viudedad, orfandad, pérdida del trabajo, fracaso comercial, derrota deportiva, etc. En esas circunstancias en que *el retiro hacia uno mismo* se ofrece como una oportunidad de crecimiento y de ejercer la autoasistencia, los varones suelen entrar en pánico, se aferran a cualquier compañía o adicción, escapan de sí mismos en dirección a algún abismo cercano, físico o emocional. Muchas veces mueren o se matan, destruyen o son destruidos. Es la hora de pagar el precio de una autosuficiencia que la educación, los mandatos y los mensajes nos inyectan a lo largo de nuestra formación. Para asegurar que cumplamos con lo que se espera de nosotros, se nos convierte, a los varones, de maneras a veces sutiles y a veces groseras, en unas verdaderas criaturas solitarias. En un taller de los que he coordinado, titulado *Vivir como hombre, vivir con los hombres*, en el que participaron varones y mujeres, uno de los ejercicios consistía en plantear situaciones cotidianas e intercambiar los roles: las mujeres hacían de personajes masculinos y viceversa. Los participantes pudieron descubrir, desde «el otro lado»

---

15. Sue Askew y Carol Ross, *Los chicos no lloran*, Ediciones Paidós Ibérica, Barcelona 1991.

del mostrador, sensaciones y perspectivas insospechadas. Una de las participantes (Bárbara, una adolescente de diecisiete años) se mostró muy conmovida por lo que comprobó al interpretar a un chico de su edad que era alentado por la familia a correr aventuras durante su viaje de fin de estudios, aventuras que se festejaban por anticipado. Según Bárbara, «sentí que, como varón, me mandaban solo al frente y que se daba por descontado que yo quería eso y que me sentía seguro y ganador. Sentía miedo, pero me lo tuve que tragar, me dio vergüenza decirlo. En el mismo lugar, como mujer (papel que había interpretado antes), me sentí más protegida. Me doy cuenta de que a los varones les mandan que se las arreglen solos». Me conmovió la conclusión de Bárbara. Me despertó la esperanza de que los adolescentes, con sólo dejarlos respirar y configurarse como personas sin la asfixia de los mandatos, las consignas y las exigencias, podrían generar otros modos de ser varones, de ser mujeres, de establecer vínculos.

Acaso entonces sea posible que los varones pierdan este miedo a encontrarse solos, con esta pobreza interna en que los deja su forja viril. A los varones no se nos enseña a mirarnos ni a guardar cosas para nosotros, para nuestra propia alimentación espiritual y emotiva, para nuestro apoyo. Más se nos reconoce cuanto más proveemos, más se nos confirma en nuestro género cuanto más producimos, cuanta mayor seguridad provocamos en los demás, cuanto mayores son nuestras cargas de responsabilidad y de eficiencia. Basta con ver algo que ocurre frecuentemente en las relaciones de pareja: Una mujer ingresa en la pareja (matrimonio, noviazgo, convivencia, o la forma que adquiera) *con todo lo que tiene*. Fuera de esa relación no quedan ni su familia, ni sus amigas. Si tiene que abandonar o limitar alguna actividad profesional, laboral o formativa, en términos culturales esto no llega a verse como un demérito. En todo caso se valora más lo que ha conseguido: un hombre, una relación estable, el cumplimiento de un mandato esencial. Por supuesto no hablo de casos particulares, sino de *la tendencia*. Un hombre, en cambio, deja cosas fuera para ingresar en esa relación, en especial cosas de su mundo afectivo: amigos, actividades de esparcimiento, rituales, frecuencia en la relación con su familia, etc. Si algo suma, pueden ser trabajos y responsabilidades. Si esa relación termina, también será él quien salga con menos cosas: dejará la casa, los hijos (si los hubo) se quedarán con su mujer. Deberá rastrear a muchos de sus amigos que, entretanto, lo habrán considerado un cobarde o un llorica. Económicamente, si el vínculo es legal, deberá duplicar su presupuesto. Sin olvidar que, además, tendrá que hacerse cargo de la única persona que nadie le enseñó a cuidar: *él mismo*.

Contra ese tipo de soledad empobrecedora, paralizante y destructiva se debe fomentar la otra capacidad: la de estar con uno mismo, la de conocerse, la de aceptarse, la de quererse, la de cuidarse, la de discriminarse y, desde ahí, establecer los contactos. No propongo que los varones vivamos solos, ni mucho menos cada uno por su cuenta. Sí que aprendamos a hacernos cargo de nosotros mismos desde nuestros propios recursos personales.

En este sentido me parece útil la propuesta de promover, por ejemplo, reuniones de hombres, amigos, conocidos, preocupados por las secuelas del papel del varón en nuestra cultura, para hablar no ya de la marcha de la economía, de la política, de la tecnología o del fútbol, sino para mirarse a los corazones, decirse qué les ocurre de verdad, qué les preocupa, qué les duele. Los hombres pueden hacer esto, a veces, cuando el alcohol les vuelve confidentes. Pero esa apertura —generalmente dolorosa, aunque siempre emotiva– dura lo que se prolongue el efecto del vino que hayan ingerido. Y al día siguiente el regreso al bloqueo se ve reforzado. Un silencio aún más cerrado aparece como la única garantía de rescatar las confidencias ofrecidas.

Lo cierto es que la cultura de la soledad ha hecho que a los hombres nos cueste estar solos entre nosotros, a no ser que se trate de hablar de cosas que, aparentemente, les ocurren a otros. La crisis del modelo que nos ha formado derivará inevitablemente, creo yo, en la aparición de verdaderas asociaciones de hombres –tomen la forma que tomen– que se buscarán para franquear sus corazones. Para los varones en crisis –después de una separación, modificación de la situación laboral o cualquiera de las situaciones que he mencionado en este capítulo–, pienso, reviviendo experiencias propias y tomando el ejemplo de algunas ajenas, que tomarse un tiempo sabático durante el cual dejar de ejercer las «obligaciones» masculinas tiene beneficios terapéuticos. Entre tales «obligaciones» se encuentra la de estar acompañado, no importa para qué, no importa de quién. Contra lo que dice cierto refrán –tras el que se huele la mano de alguna esposa–, *no es malo que el hombre esté solo*. No abandonado, no desahuciado, no marginado: solo. Por necesidad y por elección. Solo para discriminarse, para percibirse, para autodeterminarse y para, entonces sí, poder estar acompañado. Cuando puedo elegir estar solo es cuando mejor puedo estar en compañía, porque veo y porque me ven, porque ni me acerco en busca de salvavidas ni me llaman para tapar agujeros ajenos.

En vista de eso puedo decir: *Esta noche no, querida. Esta noche no seré tu compañía, ni la compañía de nadie. Esta noche necesito acompañarme a mí, elegirme, dejarle espacio a mi tristeza, a mi incertidumbre, a mis sensaciones, a mi persona. Esta noche me elijo y me hago cargo de esa acción. Es algo personal, pero no contigo, ni con él, ni con aquél: es conmigo.*

DIEZ IDEAS PARA RECORDAR

1. Estar solo no significa estar abandonado, sino despegarse de ciertas situaciones y personas para crecer. Ese despegue —que significa también desapego— es a veces doloroso pero siempre necesario.

2. La soledad entendida como elección permite confrontarse con uno mismo y discriminar las propias sensaciones, necesidades y sentimientos.

3. Desde esa situación se pueden establecer relaciones con los demás —y con las mujeres— en términos de verdadera libertad, sobre todo interior.

4. La libertad es peligrosa para quienes necesitan —por razones de control, productividad, etc.— la supervivencia de los actuales estereotipos masculino y femenino.

5. La soledad elegida es un espacio propicio para la confrontación de la propia sensibilidad, de lo que a los hombres se nos ha alejado siempre.

6. El concepto de soledad que se ha inyectado en las creencias masculinas es el de «solo contra todos» o el de «valerse solo», que aísla aún más y empobrece la afectividad de las relaciones humanas.

7. En la soledad elegida, un hombre puede encontrar sus propias polaridades masculina y femenina integrándolas para enriquecerse como persona.

8. La soledad que tradicionalmente experimentan los varones es la de haberlo perdido todo (después de divorcios, despidos, derrotas, etc.) y, en esas condiciones, tienden a escapar en busca de alguien, quien sea, o a derivar hacia la condición de solitarios.

9. Resultado de esto es que, en situaciones de crisis, las mujeres suelen manejarse con mayor eficiencia que los hombres cuando están solas. Tienden a desarrollar aspectos postergados, mientras los varones tienden a desintegrarse.

10. Al elegir la soledad como una circunstancia —y no como un estado sin opción— es posible encontrarla como espacio de autoasistencia: mientras dura se puede alcanzar una noción clara de quién es uno mismo.

7. El sexo
Si ligo, elijo

La foto me sorprendió desde un escaparate de Mango una mañana en la que caminaba con ritmo sereno, sin demasiado tiempo disponible, aunque también sin prisas. Tenía —calculé— un metro de altura por dos de ancho y era el motivo central de la decoración, mucho más que la ropa que debía ayudar a vender. La calidad de la imagen era notable y había sido montada sobre un bastidor. Mostraba a un modelo con aspecto de chulo barato (pantalón ajustado, camiseta musculosa, gafas oscuras de montura redonda, pulsera, pelo corto engominado) y a su lado una chica aparentemente morena —la foto era en blanco y negro— suelta, atractiva, vestida con ropa ligera. Él le rodeaba el cuello con un brazo y tenía la mano cerrada sobre un pecho de la chica. Ella sonreía como si esa teta no fuera suya, sin pudor ni excitación aparentes. La otra mano de él atrapaba su propio sexo, como si encerrara un manojo de piedras o un arma. Mostraba un gesto que oscilaba entre la estupidez y el desafío y parecía decir: «Aquí me planto, con mi chica y con mi pistola». Ni él ni ella tenían más de veintitrés años.

El recurso publicitario podía considerarse audaz para lo que suele llamarse la «moral media». Algo me molestaba al mirarlo y tardé en descubrir qué era. En un principio lo atribuí a mis propios prejuicios, cosa que me provocó cierta frustración. (¿Al final los prejuicios son más fuertes que uno?). Después descubrí que se trataba de otra cosa. Aquella foto me producía, en verdad, tristeza. La imagen del muchacho era patética. Transmitía, con un solo vistazo, toda la pobreza en que agoniza la sexualidad del varón. Una teta en una mano y mi propio sexo en la otra: no necesito más. Así se nos ha enseñado: mis genitales y el cuerpo de ella, eso es todo lo que necesito. Lo demás es cuestión de *rendimiento*: cuatro en un día, tres a la vez, me las follo a todas, etc.

De allí el foco de mi atención se mudó al relato de dos historias que me había contado no hacía mucho un amigo sexólogo. Se referían a pacientes suyos: un muchacho de veinte años y un hombre de más de cincuenta. Ambos unidos por un factor común: episodios de impotencia. El chico tenía desde hacía un par de años una novia de su misma edad, a la que amaba con devoción. Tenían una comunicación profunda en el terreno de las caricias y la ternura. Pero cuando él debía penetrarla perdía indefectiblemente su erección: se deshacía como un cubito bajo el sol. El cincuentón era un empresario exitoso, un hombre de poder y de dinero. Su esposa, la segunda, con quien estaba casado desde hacía cierto tiempo, tenía algunos años, no muchos, menos que él. Todo el poder y la seguridad de aquel hombre se convertían en ceniza cuando él y su compañera se quedaban a solas debajo de las sábanas.

En pocas sesiones el terapeuta pudo percibir qué ocurría con cada uno. Para el muchacho, el terror de no ser lo suficientemente bueno para aquella chica a la que sí quería (no como a las otras, circunstanciales, con las que funcionaba a toda potencia) era un peso agobiante. Él «sabía» más que ella y suponía que la chica esperaba mucho de él, que aguardaba revelaciones, iluminaciones o sabe Dios qué éxtasis. «Tengo miedo de no cumplir», llegó a decir. Y, en verdad, con eso lo dijo todo. El otro hombre, por su parte, se había impuesto la responsabilidad de satisfacer a su mujer en todos y cada uno de los aspectos de la vida. En los vinculados con lo económico no encontraba obstáculos. Pero el problema empezaba en la cama, donde ninguna cifra concreta podía dibujar los alcances, los límites, la realidad de aquella satisfacción. «Siento que debo tenerla contenta, pero ya no tengo treinta y cinco ni cuarenta años», fue su frase sintetizadora en un momento de la terapia.

¿Quién les había metido en la cabeza al uno y al otro aquellas ideas acerca de que su eficacia en el sexo pasaba por una cuestión de solventar la satisfacción de ellas sobre la base de un alto rendimiento propio? No hace falta ser detective para advertir que la madre de esta creencia es la misma de la imagen del chulo patético de la fotografía en la tienda de ropa informal. Aquel que agarraba una teta y sus propios genitales al mismo tiempo con aire de ganador probablemente sea uno de los próximos pacientes de mi amigo, el sexólogo. Llegará, imagino, paralizado por el pánico de haber dejado de funcionar, de no poder volver a rendir ni satisfacer.

En *Male Sexuality*,[16] el terapeuta sexual estadounidense Bernie Zilbergerd dice: «Hay un mito según el cual los hombres son criaturas muy simples cuando se trata de sexo. No requieren nada especial, están siempre listos y dispuestos y su único problema consiste en obtener la cantidad suficiente (de sexo). El equipamiento de un hombre es la esencia de la simplicidad. ¿Qué puede tener de misteriosa una cosa tan obvia y visible? ¿Qué más se necesita saber acerca de eso? Sus gustos son simples también. Él querrá obtener el máximo posible y obtenerlo de la manera en

---

16. Bernie Zilbergerd, *Male Sexuality*, Little, Brown & Co., Nueva York 1978.

que pueda, aunque lo que verdaderamente busca es meterla y sacarla hasta que pueda tener un orgasmo con el mínimo de ternura, comunicación y relación exigibles. (...) De acuerdo con este mito, hay mucho por aprender acerca de la sexualidad femenina —acerca de por qué las mujeres piensan y actúan como lo hacen, y de cómo tratar con sus muchos misterios en esa área—, pero poco o nada puede ser aprendido o dicho sobre los hombres y el sexo. Ellos son, después de todo, muy simples y están contentos mientras tienen lo que buscan.»

Puede que el párrafo suene duro, pero es descarnado y real. Para los varones, el del sexo es otro campo (o quizás el campo) en el que no se puede fallar. Cuando nuestros padres hablaban con nosotros, en la adolescencia, llegaban siempre tarde, cuando llegaban. Alguien ya nos había contado antes «cómo eran las cosas» y lo que nos habían dicho era más o menos eso: que las mujeres tenían uno o dos agujeros y que nosotros debíamos llenarlos. Lo demás eran variaciones técnicas: cuidarse de las venéreas, de no tener hijos antes de tiempo y cosas por el estilo. El aprendizaje venía de otros hombres, mayores que nosotros, que necesitaban aparecer ante nuestros ojos como verdaderos «ganadores» y «expertos» en la materia. Hombres que, a su vez, no habían sido educados, no habían tenido a quién preguntar. Nuestros padres nos hablaban cuando ya no les quedaba otro remedio y, al hacerlo, eran tipos titubeantes, atribulados, que hubieran querido que se los tragara la tierra en aquel momento.

En este aspecto la anatomía jugaba en nuestra contra. Estaba todo ahí, a la vista. ¿Qué más necesitábamos saber? Era distinto con las mujeres, al menos en apariencia. La cuestión de su primera menstruación y de que sus órganos genitales sean internos hacía que resultara menos difícil evadir el tema: bien o mal, a ellas sus madres les hablaban, les preguntaban, les explicaban. Más allá de los contenidos de esos mensajes, no era tan fácil ignorar el despertar de su sexualidad. Más aún, con frecuencia —esto lo he observado mucho y me ha sido ratificado en numerosas ocasiones por mujeres con quienes lo he hablado— uno de los principales mensajes decía (dice) que *eso* que las convierte en mujeres es algo que no debe dilapidarse. Del criterio con que lo «concedan» dependerá muchas veces el valor de lo que obtengan. En otras palabras, se les enseñaba a «hacerlo valer». Ésta es una de sus armas más poderosas: el *no* frente a esos seres, los hombres, ávidos del tesoro femenino. ¿Mitos? ¿Estereotipos? Sin duda lo son. Pero ocurre que, generación tras generación, nos hemos educado, nos hemos formado, nos hemos buscado, nos hemos relacionado con ellos.

Los unos y las otras nos hemos creído lo que nos enseñaron de nosotros mismos. (¿Cómo no íbamos a hacerlo si nos lo decían esos hombres y mujeres respetables que eran nuestros padres y madres, maestros y maestras, adultos y adultas, testigos, jueces y demás?) De ahí derivó, finalmente, esa sentencia según la cual los hombres fingen en el amor para obtener sexo y las mujeres fingen en el sexo para obtener amor. Una frase que define dos modelos: a los hombres como seres puramente carnales y a las mujeres como seres puramente románticos. ¿Qué hacemos, a partir de aquí, los hombres con nuestros sentimientos y qué hacen las mujeres con su deseo? La respuesta práctica está en la pobreza, en la hipocresía, en la insatisfacción, en los malentendidos, en los reproches con que se tejen frecuentemente las relaciones entre ellas y nosotros.

Desnudos y asustados

Los dos casos de los que hablaba mi amigo muestran que no todo es tan fácil como «enseñarla y ponerla». Otro dato interesante es la llamativa frecuencia con que aparecen últimamente en revistas femeninas estadounidenses y europeas investigaciones acerca de (cito títulos reales) «*Los principales miedos de los hombres en el sexo*», «*Lo que ellos no dicen acerca de su miedo en la cama*» o «*Cosas que los varones ignoran de su propia sexualidad*» (en Argentina estos temas son aún demasiado «fuertes» para algunos editores). En algunas charlas muy íntimas con amigos (casi siempre de a dos, muy rara vez en grupo) o en determinados momentos del trabajo en grupos de varones, cuando la confianza gana algunos escalones, aparecen ciertas confesiones importantes de este tipo:

- «Si una mujer está muy buena, mejor. Pero tengo ganas de sentir algo por ella. No necesariamente amor, pero sí algún tipo de afecto, de ternura.»
- «No soporto más follar por follar. Después te quedas vacío.»
- «Me molestan esas mujeres que, después de follar, te hacen sentir como si les debieras algo, como si lo hubieran hecho por ti y no porque ellas también tenían ganas.»
- «¿De dónde ha salido eso de que ellas *hacen el amor* mientras nosotros simplemente *follamos*?»

Estas frases, así como algunas actitudes y ciertas tendencias en las conductas, podrían estar conduciendo a la revisión de otro mito: ése según el cual las mujeres son *objetos sexuales*. Éste ha sido un argumento de peso en los movimientos feministas y un dedo acusador sobre la conciencia de los hombres progresistas (por llamarlos de algún modo). Como tantas otras falacias, ésta se edifica sobre una base falsa: la de que existe una víctima inerme (la mujer) y un victimario todopoderoso (el hombre). Me interesa insistir en que la trampa de los modelos con que asumimos nuestras identidades *nos encierra a los dos*. El modelo de sexualidad que prevaleció durante décadas hizo que las mujeres se privaran de sentir, de atender, de satisfacer, de expresar su *deseo* como tal, y a los varones nos privó de relajarnos, de meter los sentimientos en la cama, de sentir cómo la *calentura* se puede percibir también en el corazón, nos privó de ser *penetrados* en nuestra sensibilidad. Nos enseñaron, y nos lo creímos y actuamos en consecuencia, que el sexo era cuestión de rendimiento, de proporción. Y como ninguna relación es de uno, sino que todas son como mínimo de dos, las expectativas que se tenían sobre nosotros eran de rendimiento y de proporción.

Es loable la intención y la perseverancia de los sexólogos para asegurar que «el tamaño del pene no tiene ninguna importancia». Seguramente si la sexualidad pudiera arrancar hoy desde cero no la tendría. Pero mientras tanto, los varones hemos crecido midiéndonos y comparándonos con nuestros congéneres, amigos y rivales, y las mujeres han llegado a la cama una y otra vez con marcadas expectativas sobre nuestros tamaños. También ellas, entre sí, hablan de esto (quizá aún lo nieguen en público, pero saben que hablan). Comentan cómo lo hace Fulano o cómo la tiene Mengano. Esto no es una crítica. En todo caso, lo criticable es la negación de esto, porque escamotea una carta del juego y refrenda un mito: aquél según el cual sólo los hombres hablamos de sexo, y casi siempre como obsesos. Cuando se quejan, como lo hacen cada vez más en tiempos recientes, del bajo rendimiento sexual de los varones, de las conductas poco ardientes de sus galanes o de insatisfacciones de este tipo, ¿no están colocando las mujeres a los varones en un rol de objetos sexuales?

No intento revertir argumentos, sino integrar los dos polos de una relación que, tal como se da, no garantiza la felicidad de nadie. Cada uno a su manera, hemos sido varones y mujeres, los unos y las otras, objetos de las unas y los otros, dos partes de una relación donde el sexo ha servido para negociar, para dominar, para manipular, para tomar revanchas y ventajas, pero no necesaria ni frecuentemente para generar un *encuentro* (de un día, de una semana, de una noche, de un año, de una vida, no importa de cuánto, pero un *encuentro*).

En casi todo encuentro entre un hombre y una mujer, el sexo está ahí, silencioso, tácito. Ambos sabemos que deberá llegar el momento. ¿Pero cuándo? La pregunta está instalada en cada uno. Las fintas, el cálculo, desplazan el deseo verdadero. Es una partida de póquer en la que debo medir el valor y el alcance de mis cartas y determinar el de quien está enfrente. Para hablar de sexo hablamos, en realidad, de otra cosa.

¿Será suficiente todo esto?

Por supuesto, algo de lo que no se habla es de los temores. Y menos aún nosotros, los varones. El del sexo es un terreno en el que florecen muchos de nuestros miedos. Todos los mensajes con que nos formamos insisten en subrayar que nuestra hombría se demuestra en buena medida en la cama y sus alrededores. Cuando se muestra vulnerable, cuando afloja en algo, cuando se conecta con sus sentimientos, cuando no quiere lo que se le ha dicho que debe querer, cuando se acerca a sus amigos con contactos más cálidos y corporalmente más íntimos, cuando posterga la cuestión del rendimiento sexual, el varón bordea peligrosamente una zona oscura, aquella en la cual puede estar aflorando su «homosexualidad latente». La jerga psicoanalítica tan en boga en nuestra cultura ha hecho mucho por acentuar estos fantasmas con su fiebre interpretativa, ésa gracias a la cual nada es lo que es y todo aparece «a cuenta» de otra cosa. La experiencia, lo evidente, lo que me pasa ahora, en mi corazón, en mi cuerpo, sólo parece tener valor de referencia. No es «real» según esa mirada interpretativa que, en definitiva, *no me mira* ni como varón ni como persona. La «hostilidad reprimida hacia las mujeres», el «miedo a la intimidad» y otros fantasmas o etiquetas que caen sobre los varones forman parte de lo mismo, como bien señala Herb Goldberg en *Hombres, hombres*.

La sexualidad femenina ha sido muy estudiada y revisada en los últimos años. Para bien y para mal. Gracias a ello, ellas han logrado darse permiso, encontrar libertades, descubrir su cuerpo, atender a su deseo y —la otra cara— también cargarse con nuevos mandatos, como por ejemplo el de ser multiorgásmicas cueste lo que cueste (sin ir más lejos, aunque el precio sea fingir).

¿Y nosotros? ¿Quién se ocupa verdaderamente de descargarnos de nuestros fantasmas y mandatos? La sexología ha avanzado bastante en la desacralización del sexo, pero quienes más se han beneficiado de ellos han sido por ahora las mujeres. Quizá se deba a que ya han participado en otras desmitificaciones. El terapeuta sexual argentino León Roberto Gindin[17] escribió *La nueva sexualidad del varón*, un trabajo precursor sobre esta cuestión, y allí dice, sin tapujos, esto: «Si un hombre común hace una pregunta sobre sexo, expresa preocupación o admite que tiene un problema, corre el riesgo

---

17. León Roberto Gindin, *La nueva sexualidad del varón*, Editorial Paidós, Buenos Aires.

de ser considerado inferior. Casi todos los hombres tienden a pensar que los demás tienen una vida sexual mejor que la suya, y un pene más grande y más poderoso, y que seguramente los demás no tienen los problemas que él sí tiene. Tan importante es esto que muchos hombres han aprendido a fingir y, por conductas de autohipnosis negativa, creen a pie juntillas lo que dicen y hacen. Tiempo después, por alguna razón, desaparecen los mecanismos de compensación existentes y se desencadenan las disfunciones sexuales imposibles de disimular».

De eso es de lo que se habla, generalmente, cuando se aborda la sexualidad masculina: de las disfunciones. Y también generalmente, lo que se intenta es remediarlas mediante prótesis, cremas, pastillas, dietas o lo que sea que, en definitiva, devuelva al varón en cuestión a la cadena de producción, en este caso sexual, listo para seguir rindiendo. Es decir, nadie escucha qué es lo que esa disfunción está diciendo. Simplemente se pone un parche y se induce al varón a seguir en su modelo. Cuando alguien le coloca una prótesis peniana a un hombre, le está confirmando que, en efecto, la identidad masculina reside en un pene duro, aunque sea falso. Aquí hay una cadena de complicidades. Los varones no hemos sido educados para pensar en el sexo desde nuestro deseo: ¿Queremos o no queremos? ¿Queremos realmente con *esa* mujer? ¿Lo hago porque tengo ganas o lo hago porque ella es accesible, porque ella «se me ha tirado», porque la cosa venía fácil, porque «no puedo decirles que no me la he follado», etc.? Cuando una mujer nos atrae o nos gusta, ¿nos atrae o nos gusta *siempre* para irnos a la cama con ella o nos creemos obligados, con ella, con nosotros, a «hacerla completa», aunque lo que de veras nos produce placer es un contacto intelectual o de amistad o de complicidad o de lo que sea? ¿Podemos aceptar, sin entrar en pánico, que nuestro pensamiento nos indique que esa mujer está perfectamente «follable» mientras nuestro pene permanece dormido? ¿Podemos entender, sin derrumbarnos, que aunque estemos en plena relación sexual placentera es posible que nuestro «guerrero» se relaje sin que ello signifique ni que somos impotentes ni que hemos perdido el deseo en un agujero negro? ¿Podemos permitirnos un contacto físico placentero con una mujer sin sentirnos obligados a terminarlo en un contacto sexual?

Las preguntas podrían seguir hasta el infinito. Cada varón que tenga este libro en sus manos podría, a su vez, añadir un nuevo interrogante, nacido de la propia experiencia. Nadie nos ha enseñado a hacer las preguntas. Quienes las hemos ido hallando lo hemos hecho a partir de nuestras vivencias, venciendo temores. Éstos son temas de los cuales, durante años y generaciones, los varones no hemos hablado entre nosotros. Podemos contarnos hazañas sexuales —y Dios sabe, como nosotros, cuántas de ellas son inventadas y hasta qué punto tampoco nos dejan en paz con nuestras dudas—, pero no hablamos de algunas cuestiones tan naturales como esas que las mujeres sí se cuentan entre ellas, del tipo de «hace dos meses que no me acuesto con nadie» o «estoy desganado en la cama» o «mi energía está puesta en el proyecto del que te hablé y por el momento de follar ni hablar» o...

Hace muchos años leí un libro que resultaba un tanto audaz para su época —tanto que mereció prohibiciones en Argentina— y que, en apariencia, tenía un tono jocoso o lindante con la literatura porno, según como se mirara. Se llamaba *El hombre sensual* y su autor, un anónimo M. Allí, escribía esta advertencia: «La mayoría de los hombres considera el sexo no sólo como una función teatral sino también como un concurso. Cuando no preguntan "¿cómo he estado?", preguntan —o piensan— "¿he estado mejor que Jorge?" (...) No pierda nunca de vista que el objetivo del sexo no es ser bueno, mejor ni perfecto. El objetivo del sexo es extraerle placer. Y cuanto más competitivo sea usted, menos placer conseguirá. No hay una Supercopa del sexo, de manera que no se concentre en lo bueno que es usted comparado con algún otro tipo. Concéntrese en su placer y en el de su dama, ésa será la única manera de resultar *ganador*». ¡Esto fue escrito en 1971!

En las dos décadas que siguieron, los varones seguimos recibiendo en abundancia los mensajes que nos hablan de competir y ganar, también en la cama, de no fallar ni aflojar, tampoco en la cama. La foto que vi en el escaparate de Mango es de los años noventa (¡fin de siglo!) y no de los años veinte, treinta ni cuarenta. También en el sexo se nos carga con la responsabilidad del éxito (y de esto ya hablaba el ignoto y admirado M.). ¿Quién tiene la posibilidad de fracasar en la cama? ¿Quién es el que llega a esa situación con una brisa —o un vendaval— de preocupación (consciente o inconsciente) acerca de si «podrá», de si no se le «bajará», de si estará a la altura de lo que la otra parte espera? ¿Quién tiene la posibilidad de fracasar y, como consecuencia, la sospecha de «impotencia»? ¿A quién se le pide o se le sugiere que —en caso de que algo parecido al «fracaso» acontezca— piense qué le está pasando o que, directamente, consulte a un especialista? Dejemos constancia, aunque sea redundante: todo eso le ocurre al hombre.

A las mujeres, en general, no les va su identidad en un orgasmo. En cierto sentido, si para el varón la relación sexual es una función teatral, esto se debe a que ellas aceptan o adoptan una actitud de espectadoras, de testigos del desempeño del varón. ¿Fracasa una mujer que no alcanza el orgasmo? Me atrevo a decir que no es ése su sentimiento. En todo caso ellas llegan a la cama con expectativas que no están focalizadas en ese único punto, sino repartidas también en los territorios de la ternura, de la compañía, etc. Por lo demás, si la relación es lo bastante turbia como para necesitar de ello, pueden fingir un orgasmo. ¿Qué varón puede levantar la mano para decir que con él ninguna mujer lo ha fingido? ¿Recuerdan la escena de *Cuando Harry encontró a Sally*? Como en tantos otros terrenos, la educación masculina, esa que aparentemente nos hace invencibles, poderosos, triunfadores, eficientes, racionales y activos, nos deja, también en este caso, expuestos, vulnerables e indefensos. Nos han enseñado a depositar toda nuestra identidad sexual en el pene, y nuestro viejo compañero no nos deja fingir, nos exhibe en nuestra real condición: estamos o no estamos, podemos o no podemos. Lo que no cuenta —ellas lo dan por sentado; nosotros ni nos lo cuestionamos— es si *queremos*. A un pene erecto no se le mira el deseo.

A esta altura de la reunión quiero que hable una dama, la señora Susan Crain Bakos, sexóloga y periodista estadounidense, asesora de la revista *Penthouse*, en la que responde consultas de los lectores. Ella es la autora de *A los hombres les gusta así*, una de las miradas más sensibles y comprensivas hacia el mundo masculino que he podido detectar desde el universo femenino. «[Los hombres] temen el fracaso sexual —escribe— y, en especial, temen decepcionar a las mujeres. He llegado a creer que aman profundamente a las mujeres y que desean agradarnos aún más de lo que desean complacerse a sí mismos. Pero no son exactamente iguales a nosotras. Somos iguales si entendemos que igual quiere decir distinto pero de valor equivalente. No somos lo mismo.»

Después, Crain Bakos ingresa en un terreno que considero clave. «[Las mujeres] hemos corregido excesivamente nuestra manera de pensar desde el período AC (Antes del Clítoris) dominado por Freud, quien declaró que la única respuesta femenina madura era el orgasmo vaginal producido durante el coito. Ahora parecería que decimos que las únicas respuestas masculinas maduras, sexuales y emocionales son las que corresponden a *nuestras* respuestas y satisfacen *nuestras* necesidades.»

Ese párrafo da, otra vez, en el blanco. Los modelos formativos han dejado al amor en el territorio de las mujeres y al sexo en el de los varones. Por lo tanto, de un hombre se espera (lo esperan el coro masculino, el coro femenino, el coro social y *él mismo*) que, en materia sexual, lo sepa y lo pueda todo. De manera que cuando algo no funciona, generalmente, se diga o no se diga, es *su* culpa. Por ello se ha multiplicado en los últimos tiempos, especialmente en revistas femeninas, la literatura que ya mencioné acerca de los temores sexuales masculinos. Que existen —aunque es *lo último* que confesamos los varones y, generalmente, en estado de desesperación— y que tienen que ver con no cumplir las expectativas de ella, con perder la erección, con no lograrla, con el tamaño de los propios genitales, con estar por debajo de la *performance* de otro (cualquiera). Con sólo guardar silencio ante cualquiera de estos temas —se planteen explícitamente o no—, las mujeres alcanzan un poder tremendo. Así como, en general, han sido condicionadas para guardar silencio acerca de su propio deseo. Sólo en las conversaciones posteriores, en el famoso «después», suelen aparecer las confesiones femeninas acerca de que «yo también tenía ganas» o cuestiones de ese tipo. ¿Qué hacían mientras tanto con esas ganas? Esperar que él tomara la iniciativa. La iniciativa sexual —dice la regla no escrita pero sí repetida de madres a hijas, de padres a hijos— le corresponde al varón. Y esto deja en manos de la mujer un arma letal: el *no*. El acoso corre a cargo del varón y el romance por cuenta de la mujer. El romance y el *no*, que pueden corresponder a una auténtica ausencia de deseo o a un «manejo de los tiempos». Podría ser, sí, pero en el modelo femenino clásico (aunque no erradicado) el retardo de la aceptación sexual permite «hacerse valer», hace que el hombre llegue un tanto más rendido. A las mujeres les han enseñado que una vez entregado eso que es «lo único que los hombres buscan», sólo resta esperar el abandono. Si estos mensajes han comenzado a cambiar se debe en parte a que las madres de las adolescentes y las mujeres jóvenes de hoy llegaron a comprender, en carne propia, que el *no* que sirve para manejar al varón convierte el propio deseo en una trampa.

Por otro lado, el *no* que manejan las mujeres es el mismo que los hombres somos incapaces de pronunciar. Como en el trabajo, en el deporte y en los negocios, también en el sexo –para la educación masculina– rendimiento es una palabra clave. Frente a la posibilidad de acostarme con una mujer, no importa si quiero o no quiero. Debo hacerlo. Aquí tampoco está contemplado el deseo. Y como, mal que mal, una erección siempre es posible (en principio), así han marchado legiones de varones a lo largo de la historia, a poner el cuerpo también en la cama –como en la fábrica, la oficina, el fútbol o el campo de batalla–, convertidos en responsables centrales de lo que suceda en el lecho. Los hombres hemos sido habitualmente los responsables de que el encuentro sexual se produzca, del orgasmo femenino, de mantener un rendimiento acorde con la mitología autogenerada (alguien habló alguna vez de los famosos «tres de una vez» y desde entonces pocos varones confiesan que, en realidad, a ellos no les ha ocurrido nunca o que lo han logrado pocas veces y que tampoco son necesarios; prefieren morir con la duda acerca de su propia capacidad). Ésta es una ignorancia de la cual también las mujeres participan. Aún resuenan en mis oídos las palabras de una mujer ya madura, con experiencia amorosa, con un apreciable nivel de sensibilidad y de cultura que, cuestionando el énfasis creciente en la revisión de los modelos, me decía que todo esto se solucionaría más pronto si los hombres se encontraran con mujeres menos melindrosas, «que se los follen como Dios manda y después les preparen una buena comida que los ponga en condiciones de volvérselas a tirar» (sic). Mientras la dama decía esto, sólo una pregunta repiqueteaba en mi mente: ¿Y si él no quiere? No supe qué es peor: este remedio (una mujer que toma la iniciativa) o la enfermedad (una mujer que espera en la más absoluta pasividad). En ambos casos el deseo, la posibilidad, el sentimiento del hombre están fuera de la cuestión. En ambos casos se da por sentado que él quiere y puede. A que esto sea así hemos contribuido los varones. Y también las mujeres. Y si bien es cierto que ha corrido mucho sexo bajo las sábanas, no sé si la calidad, el placer y la felicidad han estado necesariamente en correspondencia con la cantidad.

Dos para un tango
La responsabilidad sexual significa para los varones hacerse cargo de lo que no funciona: la impotencia, la eyaculación precoz, las disfunciones que le ocurren al hombre le son atribuidas normalmente a su culpa. Cuando un hombre explica que le ocurre algo así, caen sobre él tratamientos médicos, terapias sexuales, interpretaciones psicoanalíticas. Todo esto subraya en él la noción de fracaso, de enfermedad. ¿Cómo negar que una disfunción de ese tipo pueda estar conectada con factores psicológicos u orgánicos? Pero, ¿por qué desechar la posibilidad

de que, por el contrario, pueda tratarse muchas veces de una expresión de la *sabiduría del pene*? El creador de esta notable teoría es Herb Goldberg y merece ser respetada. En efecto, por aquello de que el cuerpo existe, vive, percibe, siente, se da cuenta y habla, el pene dice muchas veces lo que la cabeza se empeña en ocultar o silenciar.

Un episodio de impotencia puede querer decir muchas veces esto: quiero evitar esta relación en la que no me siento a gusto, en la que no siento nada o no me siento querido, o me siento usado, o no estoy comprometido, o me siento exigido, etc. Un episodio de eyaculación precoz, a su vez, puede ser un hombre hablando a través de su pene: terminemos cuanto antes con este contacto en el cual no se me valora, no se me ve como soy, he dejado de sentir lo que sentía, etc. El pene manifiesta ira, frustración, desencanto, agobio y otros sentimientos que genera esa relación en ese aquí y ahora. Pero, en general, los episodios de «fracaso» masculino se atribuyen a que algo le pasa al varón, no a que algo sucede con la relación, que es *de dos*. Las mujeres suelen ser tributarias de la excitación del varón (y para eso se visten, *las* visten, se exhiben, *las* exhiben, se ofrecen, *las* ofrecen). Pero, curiosamente, están desvinculadas de su falta de deseo: *eso es cosa de él*.

Así ocurre, sin ir más lejos (en esta era del sida), con el uso del preservativo. Es una cuestión masculina: no sólo comprarlo y tenerlo, sino también ponérselo. Cuando llega ese momento ellas suelen mirar para otro lado, esperan, se vuelven hacia la pared o la ventana (como si allí, a su lado, estuviera sucediendo algo sucio e ilegal). Esto lo certifican los varones con una queja generalizada pero no publicitada. Por supuesto, una de las cuestiones que más se destacan después es la de que ellos (es decir, *nosotros*) no lo usan porque les molesta, les quita sensibilidad, no se acostumbran, etc. Acaso sean diferentes modos de llamar a algo que se convierte en *trabajo* y que queda, además, a cargo de una sola de las partes. Como las fantasías, las palabras o lo que sea, también el condón puede contribuir a la excitación y al placer, si lo incorporan así las dos personas que se necesitan –como mínimo– para una relación sexual. Los problemas empiezan cuando se convierte en responsabilidad de uno.

Lo cierto es que años de mandatos y de educación hacen que los varones escapen todavía del contacto con sus sentimientos. Ese pene que se niega a trabajar, ese súbito descontrol, esos síntomas con los que tantos varones sufren o mueren en silencio angustian menos –sólo en apariencia– si se los toma, únicamente, como expresión de enfermedad, como problema médico. Pero también cabría la posibilidad de tomarlos como expresión de un sentimiento. Los síntomas siempre nos avisan, nos protegen, nos enseñan cosas sobre nosotros mismos. Y estas disfunciones sexuales pueden ser, cuando aparecen, la oportunidad de preguntarse: ¿Siento algo por esta mujer? ¿Puedo estar con una mujer hacia la cual no tengo ningún sentimiento? ¿No me estaré exigiendo a mí mismo mantener una relación sexual por obligación? ¿Están caminando mi pene y mi corazón en el mismo sentido? ¿Qué es lo que está congelando mi deseo?

El deseo es inherente a la vida, como los sueños, las sensaciones, las fantasías, los sentimientos. No termina antes que ella: se actualiza, va manifestándose desde aquellos que nosotros vamos siendo (siempre distintos, siempre los mismos, siempre únicos). No se deja de desear: es bueno que los varones lo recordemos, ya que otro de los mitos con que crecimos dice que el deseo, y por tanto la virilidad, terminan a partir de cierto mo-

mento de la vida. Si vivimos cada momento como parte de un presente continuo veremos que el deseo jamás se queda en el pasado. Y no estoy obligado a pedirle cosas a mi pene de manera continua para tener la certeza de que mi sexualidad está viva. Nos dijeron que la sexualidad está solamente entre las piernas, y durante mucho tiempo nos hemos disociado de nuestras manos, de nuestra piel, de nuestros ojos, de nuestra boca, de nuestra nariz, de nuestro corazón. Es el pene —sabio— quien nos lo recuerda de vez en cuando, quien nos pide que no lo carguemos con todo, que nos extendamos en nosotros mismos. El mejor afrodisíaco es el sentimiento. Primero deberíamos percibirlo, luego aceptarlo, después respetarlo y, por fin, disfrutarlo. Parte de eso incluye el aprendizaje de *nuestro no*.

¿Responsabilidad compartida significa roles intercambiables? No pienso en eso. Un malentendido habitual es el de considerar que sólo hay un modo de iniciativa, y entonces aparecen mujeres haciendo el papel de hombres en el juego sexual. En todo caso, tampoco aquí la igualdad pasa por ignorar las diferencias. Tenemos sexualidades y mecanismos de excitación diferentes, pero nos acostamos los unos con las otras. Así fue siempre, así es y así será —afortunadamente— por los siglos de los siglos. Quizá el camino para equilibrar la cama desnivelada empiece por no ignorar los propios deseos y las propias necesidades, y por darlos a conocer.

Nuestra necesidad de varones puede ser, entonces, la de decir: *Esta noche no, querida. Y no es nada personal. Es mi necesidad de saber qué siento, cómo te quiero, cómo te deseo o, quizás, de saber si te deseo. Esta noche mi cuerpo no es un objeto, no es una máquina sexual. No lo es para mí en primer lugar, para mí que fui el primero en usarlo así, sin respetarlo, sin respetarme. Esta noche no. Esta noche sólo quiero el silencio, la quietud, el sueño. O nada más que* tus caricias, o tu piel rozando la mía. Esta noche quiero para mí toda la amplitud de mi espacio. Esta noche no, y no estoy enfermo, ni me duele la cabeza, ni me abruman las preocupaciones, ni me agobia el trabajo pendiente, ni estoy triste. Esta noche no, simplemente porque no, porque nací varón y eso no está en juego. Esta noche no. Mañana será otro día, y sabré qué quiero y qué siento mañana.

DIEZ IDEAS PARA RECORDAR

1. La idea del sexo que se nos inculca a los varones es la de que es una cuestión puramente genital.

2. Esa idea da origen al mito según el cual los hombres siempre están listos, siempre quieren y siempre pueden. En el sexo los conceptos de «producción» y «rendimiento» están presentes en el hombre.

3. Esta creencia tan arraigada hace que los hombres tengan miedo de no querer o de no poder, pero jamás lo confiesan. Semejante angustia puede ser fuente de disfunciones.

4. Otro mito es el de que las mujeres no pueden disociar amor de sexo, mientras que los hombres sí.

5. Semejante creencia deja en las espaldas del hombre toda la responsabilidad de la relación sexual. Puesto que para ella el sexo «no lo es todo», el orgasmo y el placer pueden pasar a un segundo plano. Puesto que para él «sí lo es todo», debe hacerse cargo de lo que ocurre en la cama, ambos orgasmos incluidos.

6. Las ideas anteriores conducen a menudo a un uso del sexo en función del poder, la especulación y la negociación.

7. Por miedo a que peligre su masculinidad, los hombres suelen no admitir las disfunciones sexuales o las atribuyen pura y exclusivamente a cuestiones fisiológicas.

8. Una disfunción (un episodio de impotencia, la disminución o inhibición del deseo, la eyaculación precoz, etc.) puede ser una de las formas mediante la cual el cuerpo dice aquello que el varón no registra por no conectar con sus sentimientos. Por ejemplo, que no está enamorado de esa mujer, que se siente mal en esa relación, que desea terminar con un vínculo, etc.

9. También en el sexo es importante no actuar en función de las expectativas de los demás, sino de los propios deseos o sentimientos. No se trata de ganar ni de demostrar nada a nadie.

10. El sexo es más que genitalidad. Nuestras manos, nuestra piel, nuestro olfato, nuestro gusto, nuestros ojos también participan y es importante que desarrollemos su sensibilidad. El sentimiento es uno de los más fuertes estimulantes y su registro, así como el de nuestro deseo, puede permitirnos algo a lo que tenemos derecho: elegir, decir que sí o decir que no.

8. El compromiso
Divinas palabras

Ahí están, delante de la puerta del edificio en el que vive ella. Prolongan el momento de la despedida al final de esta primera salida a solas. Alguno de los dos debe decir algo. Ella tiene las llaves en la mano. Por fin ocurre: él dice «te llamaré». La besa en la mejilla, cerca de la boca. Ella responde «llámame». Y en ese mismo momento empieza a deslizarse por la pendiente de la ansiedad. A partir de ese instante, tanto el sonido como el silencio del teléfono marcarán la sístole y la diástole de su vida.

¿Llamará él? Las apuestas en el mundo femenino se inclinan por el no. Las mujeres en esa situación se ilusionan con la llamada, se desviven porque ocurra. Pero tienen la certeza íntima de que no ocurrirá. La experiencia les ha demostrado, dicen, que «los hombres son así». Y esas mismas experiencias les han dado, aparentemente, la capacidad de diagnosticar: «Un cobarde más», dirá ella con certeza clínica. De experiencias como ésta –y como otras, un tanto más complicadas– se alimentan algunas de las frases de batalla más comunes entre las mujeres: «No hay hombres», «Los hombres se rajan», «Ellos son incapaces de comprometerse».

Desde niños, a los hombres nos han enseñado a manejarnos solos, a no pedir, a confirmar una y otra vez nuestra identidad con distintas mujeres, a buscar nuevos horizontes, a mantener a buen recaudo (incluso de nosotros mismos) los sentimientos. Los mensajes maternos –no sólo paternos– reforzaron esas creencias en nosotros. «Si los hombres poseemos una emocionalidad pobre y somos violentos, no es sólo porque nos identifiquemos con nuestro padre. Mi madre me empujó a llegar a ser como mi padre, aunque éste no era para ella un verdadero compañero en el amor.» Esto dice el psicoterapeuta alemán Wilfried Wieck, que trabaja con grupos de hombres que desean abandonar sus concepciones machistas, en el libro *Los hombres se dejan querer*.[18] Y añade: «La verdad es que el hombre padece una adicción a la mujer. Esa primera adicción de su vida tiene su origen en la edad en la que aún no es capaz de pensar ni de hablar. De ahí sus esfuerzos por liberarse de ella». Es decir, liberarse de esa concepción femenina de lo emocional, que fue lo primero que recibió gracias a la ausencia del padre, dedicado a proveer mientras la madre se hacía propietaria de la formación del hijo. ¿Cómo liberarse, cómo encontrar el propio registro de lo afectivo? Algunos hombres tardan toda la vida. «Los libros y las discusiones transforman muy poco la realidad –apunta Wieck–. *Todo hombre se verá obligado a trabajar en su persona durante toda su vida. La inmaculada comprensión sola no produce efecto alguno. (...) Será necesario, ante todo, que los hombres se conozcan a sí mismos.*»

Aunque no comparto otras ideas de Wieck –porque creo que culpa demasiado a la mujer–, me adhiero con fuerza a las que acabo de citar. Y desde ahí pregunto: ¿Para qué no hay hombres? ¿De qué se escapan los hombres? ¿Qué se entiende por compromiso cuando se habla de «incapacidad de comprometerse»?

Las mujeres tienen una concepción del compromiso. Nace, en parte, de sus propias creencias, esas que les fueron induci-

---

18. Wilfried Wieck, *Los hombres se dejan querer*, Ediciones Urano, Barcelona 1991.

das durante su formación. Generalmente subyace en ellas la idea de que un hombre debe ser el hombre. La maternidad no puede esperar más allá de cierta edad, en caso de que no hayan tenido hijos. Y son más sensibles a los cambios físicos que, frecuentemente, viven como un deterioro. Ésta es la cara oscura de un hecho positivo como el de estar atentas a su cuerpo. Así pues, estos factores contribuyen a que su noción del compromiso sea más perentoria y excluyente. En apariencia tienen menos que averiguar acerca de sus propios sentimientos, ya que no les han obligado a ocultarlos desde el principio.

Frente a esto, los varones, está dicho y demostrado, tenemos un menor registro de nuestra esfera afectiva y sentimental. Esto se combina con un estilo de comunicación en el que los hechos suelen prevalecer sobre las palabras, las promesas, los juramentos. Y el resultado de la combinación de ambas características es que muy a menudo las mujeres exigen lo que ellas entienden por compromiso mientras los varones sentimos que no se nos reconoce lo que hacemos para demostrarnos comprometidos. El paso siguiente es que ellas se sienten decepcionadas. Se dicen que una vez más han sucumbido ante el hombre equivocado y se deprimen. Al mismo tiempo, los hombres nos manifestamos agobiados por la sensación de que, finalmente, no sabemos qué más se espera de nosotros y, ante el temor de una exigencia mayor, nos alejamos.

Lo que suele perderse en medio de estas idas y venidas es que *los hombres y las mujeres somos diferentes, que son distintas nuestras maneras de expresarnos, de actuar, de sentir, de hablar, y que difieren nuestras percepciones interiores.* Cuando se pronuncia la palabra compromiso no siempre unos y otras entendemos lo mismo. Cada uno se compromete de una manera propia y con cuestiones diferentes.

Sin embargo, las cosas no son tan simétricas. Para los varones, sigue siendo más fácil comprometerse con una causa, con un amigo, con un hijo, con una idea que con una mujer. Esto no es algo premeditado, como ellas suelen creer. Dos psicoterapeutas estadounidenses —las doctoras Sonya Rodhes y Marlin S. Potash— escribieron el libro *¿Por qué los hombres no se comprometen?*[19] Condescendientes, explican: «Los hombres no sólo son diferentes de las mujeres, sino que además se comportan como aficionados en la intimidad y, por primera vez en la historia, compromiso significa conexión emocional y no responsabilidad económica». Si los varones resultan «aficionados» en materia de intimidad, habría que suponer que las mujeres son las «profesionales» en esta materia. Ésta es una noción peligrosa, que no ayuda ni al acercamiento ni a la comprensión, aunque es compartida por muchas mujeres. Ser «profesionales» indica que, como el término dice, comprometerse es su profesión, su actividad central, que «trabajan» de comprometidas. Al atribuirse la propiedad del compromiso, son también las que tienen la facultad de fijar las reglas y la esencia del mismo. Entonces aparecen las «nuevas» expectativas respecto del varón, a cargo de mujeres que —sinceramente— quieren mejores relaciones. Y esperan —como se enumera en un artículo de la revista *Persona* escrito por Maria Estela Kucan, después de una larga experiencia coordinando grupos de autoayuda femeninos— cosas así: que (los hombres) sean inteligentes, receptivos, tiernos, dulces, atentos («que no nos den por ganadas, que nos descubran cada día»), serenos, prudentes («con sentido de la oportunidad para expresar las palabras necesarias»), respetuosos y «que no tengan

---

19. Sonya Rodhes y Marlin S. Potash, *¿Por qué los hombres no se comprometen?*, Editorial Gedisa, Barcelona 1989.

miedo al compromiso, porque éste surge desde lo más íntimo del ser como una fuerza incontenible a partir del deseo de fusionarse con el otro».

Con descripciones como ésta, son muchas las mujeres a las que he oído expresar su nueva visión de las relaciones entre los sexos. Sin embargo, en la práctica, semejantes expectativas sólo consiguen que legiones de hombres se alejen. Las nuevas expectativas, que se suponen alentadoras del compromiso, no cambian al varón —si se las escucha con atención— de su lugar de proveedor. Quizás cambia la calidad de lo que debe proveer, pero no su rol. Una vez más —y ahora con las mejores intenciones—, las auténticas necesidades interiores del hombre, la conexión con sus sentimientos, quedan postergadas. Esto conduce a reforzar una característica que Steven Naifeh y Gregory White Smith (*¿Por qué los hombres ocultan sus sentimientos?*) destacan de una manera escueta y dramática: «Los hombres simplemente suprimen o ignoran sus sentimientos y buscan, en cambio, demostrar la actitud apropiada. Un hombre no puede preguntarse a sí mismo: ¿Cómo me siento? Debe preguntarse: ¿Cómo se supone que debo sentirme?». En principio, advierto que es importante dejar algo claro: los hombres no hemos sido preparados para el compromiso emocional, pero además no se nos facilitan los caminos hacia ese compromiso. Las mismas mujeres que nos quieren tiernos, sensibles, comprensivos, compañeros, etc. son las que siguen esperándonos fuertes, protectores, proveedores. Sólo Superman puede afrontar *todo* ese paquete. Y lo que no queremos —lo que muchos hombres estamos dejando de querer— es seguir teniendo a Superman como modelo.

La búsqueda de los varones que hoy deseamos salir de los patrones que nos ha encerrado, nos ha enfermado y nos ha matado, comienza por ponernos frente a nuestros propios deseos y carencias, de cara a nuestros sentimientos y sensaciones para descubrirlos y apropiarnos de ellos, *sean o no los que se esperan de nosotros* (y se trate de las viejas o de las nuevas expectativas). No es cuestión de coser y cantar, si se me permite la metáfora femenina. Las primeras consecuencias son el desconcierto, la duda, el temor, el vértigo. Lo cierto es que cualquier compromiso que no empiece por la coherencia con uno mismo puede resultar transitorio y ficticio.

Lo que llamamos fácil

Las personas somos la actualización permanente de nosotros mismos. No seres estáticos, inmodificables de una vez y para siempre, sino organismos en un proceso de equilibrio, desequilibrio y reequilibrio permanente, en proceso de cambio. Más que ser, *devenimos*. De esto se ocupaba Jean Paul Sartre con pasmosa lucidez y profundidad, y con esto elaboró una obra, cuyo eje está en *El ser y la nada*, después de la cual parece imposible seguir pensando igual ante cuestiones aparentemente obvias.

Si se mira a través de este cristal, la palabra *compromiso* (tal como la entendemos y ejercemos) aparece para intentar fijar una situación, para congelar la escena en un cuadro. Al igual que otros conceptos (él subraya el de *sinceridad*) surge como un producto de la *mala fe*, considerada no como una categoría moral o como un acto premeditado, sino como un fenómeno que se desarrolla en los vínculos, que está ahí, que ocurre. Los conceptos en este caso procuran *cosificar* los vínculos, hacer de ellos objetos mensurables. Compromiso, mucho compromiso, poco compromiso, me comprometo, no te comprometes. Si algo debe ser *fijado*, probablemente se debe a que *ya no es*. Si la sinceridad o el compromiso tienen que ser declarados, es probable que ya no existan. Se trataría de un intento, siempre dramático, siempre angustioso, de fijar algo, de detenerlo, de objetivarlo. Se intentaría que *fuera* en lugar de permitirle devenir, ir siendo. Y, queramos o no, las relaciones —como las personas— devienen, se actualizan, están a cada momento en el estado presente de sí mismas, que no es el estado pasado ni el estado futuro. Si el compromiso fuera algo que existiera fuera de las personas que se comprometen, no tendría necesidad de ser declarado. Si resulta preciso fijarlo, declararlo, es porque está permanentemente en fuga, se convierte a cada paso en otra cosa.

¿No hay posibilidad alguna de comprometerse, entonces? Quizá no con la intención con la que suele manejarse este concepto. El primer compromiso que un ser humano puede tomar es desde su libertad de elegir y de hacerse responsable de sus elecciones. Si elijo al otro (o a la otra) viendo lo que el otro (o la otra) *va siendo* y no lo que yo necesito —y espero o exijo— que sea, sabré que soy el único responsable de mi elección. Cuando el compromiso consiste, en realidad, en realidad, hacer al otro responsable de que yo lo haya elegido elegido y de lo que hace o no hace por mí, lo más probable es que me sienta frustrado o traicionado.

La terapeuta estadounidense Robin Norwood escribió hace unos años *Las mujeres que aman demasiado*[20] y provocó un fenómeno social a lo largo y a lo ancho del mundo. Las mujeres se reúnen en grupos, leen el libro, se someten a terapias correspondientes al tema: la onda expansiva continúa. ¿Cuánto de ese sufrimiento se debe a una noción de compromiso que sigue depositando en la otra persona lo que uno debe mirar por y en sí mismo? Nadie, nunca, *nos* hace las cosas ni se compromete *con* nosotros.

---

20. Robin Norwood, *Las mujeres que aman demasiado*, Javier Vergara, Villaviciosa de Odón 1987.

Cuanto mejor sepamos quiénes y cómo somos, más posibilidades tendremos de discriminarnos de los demás, de no depositarles la responsabilidad de nuestras necesidades y de no reprocharles que no se comprometan cuando no responden a esas necesidades. *Compromiso* se dice fácilmente cuando se habla del compromiso del otro. Y de ahí al reproche o al diagnóstico («fóbico», «miedoso» y otras etiquetas que los hombres conocemos) hay un paso. «Si yo no fuera lo que soy —escribe Sartre—, podría, por ejemplo, encarar seriamente ese reproche que se me formula, interrogarme con escrúpulos, y quizás me vería obligado a reconocer su verdad.» Pero nadie es siempre lo que es, ni un compromiso —hablado, jurado— puede cosificar una relación. Cuando la relación es un devenir, el verdadero compromiso es conmigo mismo. Elijo, me hago responsable de mi elección, no la refiero a lo que se supone que debo hacer o que debo sentir. Soy esclavo de mi libertad y me discrimino pleno e íntegro a los ojos del otro (o la otra).

Dar de nuevo
Me parece que cuando se limpia de polvo y cuando se desempaña el concepto *compromiso*, lo que sigue es poner a un lado el solemne peso que lo rodea. Pienso que cuando las mujeres acusan a los hombres de no comprometerse hacen una descripción correcta y una evaluación falsa.

En primer lugar, lo correcto: los hombres no nos comprometemos con nosotros mismos a indagar en nuestros sentimientos, en nuestros deseos, en nuestra sensibilidad más profunda. Nos han blindado contra eso, y de eso nos escapamos. Semejante situación nos empobrece emocionalmente, nos obliga a vivir en estado de alerta, nos tensiona, siembra en nuestro interior miedos e incertidumbres inconfesables.

En segundo término, lo falso: el compromiso que muchas veces nos proponen o que se espera de nosotros no es el que nos devuelve a nuestro propio eje para crecer e integrarnos como personas, sino el simple cumplimiento de expectativas que *no son nuestras* y a las que se nos convoca, una vez más, como proveedores. A lo que se nos suele invitar —bajo lenguajes más frontales o más sofisticados— es a «comprometernos» con necesidades femeninas. Y eso sólo acelera nuestro alejamiento (consciente o inconsciente).

De lo que, en todo caso, se trata, es de encontrar cada uno su propio centro y descubrir el devenir de *cada relación particular entre cada hombre y cada mujer que se encuentran.*

Cuanto más comprometido esté cada uno consigo mismo, menos reproches o menos temores tendrá hacia el otro. Los puntos de partida no son equivalentes, por supuesto. Las mujeres se encuentran un paso por delante: hace mucho más tiempo que no temen a los sentimientos.

A los hombres, por nuestra parte, nos queda empezar por decir: *Esta noche no. Esta noche no me pidas que me comprometa a llenar tus necesidades y tus expectativas. Esta noche no esperes eso de mí porque me asusta, porque nunca se sabe cuál es la medida de las necesidades ajenas y porque esa medida nunca se alcanza. Esta noche no me pidas eso porque me aleja de mi necesidad de mirar dentro de mi corazón para saber qué siento, qué me pasa y quién estoy siendo en este momento de mi vida. Esta noche necesito empezar a comprometerme conmigo mismo para poder estar presente en cuerpo y en alma en el mundo, en la vida, ante los demás, ante ti.*

DIEZ IDEAS PARA RECORDAR

1. Las mujeres tienen una noción del compromiso que viene de su formación: lo vinculan a algunos mandatos (la maternidad, la protección) y lo plantean en términos perentorios y excluyentes.

2. En la medida en que nos conectamos dificultosamente con nuestros sentimientos y necesidades, los hombres tenemos dificultad también con el compromiso.

3. Nos resulta más fácil comprometernos con una idea, con una causa, con un amigo o con un hijo que con una mujer.

4. Las exigencias que nos hacen no contribuyen a que podamos centrarnos en nosotros, en nuestros ejes emocionales y afectivos, y desde ahí tender compromisos.

5. Esto obedece en buena medida a que los compromisos a que se nos convoca no están vinculados con nuestra necesidad real, sino con lo que ellas necesitan de nosotros. Se nos suele pedir –con un lenguaje de alto voltaje emocional, producto de la fluidez femenina para vincularse con lo sentimental– que nos comprometamos con las necesidades femeninas.

6. Tenemos diferentes percepciones y concepciones del compromiso porque somos distintos.

7. De todas maneras, un compromiso que necesita ser explicitado y juramentado probablemente no existe. Los compromisos van siendo en la medida en que van siendo las personas que se comprometen.

8. Comprometer amenaza a menudo con ser sinónimo de cosificar, de tratar de congelar, de detener para siempre en un punto algo que no es más que un momento o un estado de una relación.

9. El primer compromiso de una persona debe ser desde su libertad de elegir. En consecuencia, es «esclavo» de esa libertad.

10. No hay compromiso válido que no comience por ser compromiso con uno mismo.

9. Los derechos del varón
Una declaración

Durante nueve meses participé de la preparación psicoprofiláctica para el nacimiento de mi hijo y, de pronto (a veces era de pronto y a veces era muy lentamente), ya estaba a punto de ocurrir en diciembre de 1976. Cualquiera de aquéllos podía ser el día. A pesar de las expectativas, el momento fue el menos pensado, por supuesto. Un miércoles hacia el mediodía se produjo la rotura de la bolsa. Algo más de un par de horas después, tal como el médico nos indicó, ingresábamos en la clínica. Era el 1 de diciembre, miércoles, y hacía sol. Dentro nos esperaba una noticia inesperada: después de una rápida revisión, se nos informó de que se imponía una cesárea. Una vuelta doble del cordón ponía en peligro la vida del bebé. Tuve la sensación de que me convertía en estatua mientras a mi alrededor todo, y todos, empezaban a moverse con un ritmo a cada instante más veloz. Sentí que se iban y me dejaban. Durante nueve meses, la idea, la imagen, la sensación de recibir a mi propio hijo en mis propias manos en el mismo instante en que iniciase su vida en el mundo exterior había sido mi propia gestación de ese hijo. Y ahora la palabra cesárea, breve, cortante, inapelable, me dejaba fuera. Me planté delante del médico, que ya empezaba a ponerse su bata, y pregunté: «¿Y yo qué hago?». Me miró y fue explícito: «Te quedarás fuera y esperarás. Todo va a salir bien». «¿Cómo que me quedo fuera y espero? Es mi hijo. Hace meses que estoy esperando y preparándome para recibirlo.» Terminó de ajustarse el delantal verde, me tomó de un brazo, me llevó hasta el pasillo que conducía al quirófano y, calibrándome con la mirada, me dijo: «Muy bien. Te voy a dejar entrar. Pero a la menor queja, desmayo o lo que sea, le diré al más fuerte de mis ayudantes que te eche fuera, a la sala de espera, y te quedarás allí hasta el final. ¿De acuerdo?». Sobraba la pregunta. Alguien me dio una bata, una mascarilla y un par de guantes.

Estuve presente en el nacimiento de Iván. No me desmayé, no me impresionó. Ayudé a su madre, lo vi emerger, supe que era varón aun antes de ver su cuerpo, se me secó la boca, se me humedecieron los ojos, mi corazón se desbocó. Fue una de las experiencias más maravillosas de mi vida (elijo constantemente palabras cursis y al mismo tiempo explícitas para decirlo). Agradecí y agradezco a aquel hombre (Isaac Hoschbaum, se llama) que comprendió lo que le estaba pidiendo. Hoy, cuando han pasado los años y mi devenir me ha llevado a preocuparme por la cuestión de la identidad masculina, siento y entiendo que mi vida como hombre se habría empobrecido sin aquella vivencia.

Desde esta certeza creo que para los hombres *es un derecho estar presentes en el nacimiento de sus hijos*. No es un deber: es un derecho. La cultura, la repartición de los roles, los prejuicios, las creencias, muchas veces los mandatos morales, ciertos ejercicios represivos y demás factores, han desvirtuado y diluido la existencia, la solidez y la certeza de ese derecho. Incluso en el ya clásico relato «moderno» según el cual a los niños se les explica que no los ha traído la cigüeña ni han nacido debajo de una col, sino que «papá puso una semillita en la barriga de mamá y etc., etc.», el papel de papá se reduce a poner la semillita. ¿Qué más hace después? No se sabe. Lo que sigue es tarea de mamá. Mientras ella gesta, papá provee. Él asegura la manutención, la

supervivencia, la seguridad, el futuro. Es así, es verdad, y a lo largo de la historia humana esto parece algo inherente a la identidad masculina. Pero funciona, también, como trampa. Al aceptar y asumir el énfasis que se pone en nuestro rol de proveedores, los hombres hemos abandonado nuestra parte en la gestación y el alumbramiento. Hemos dejado que nos echen de ese lugar y la educación afectiva de nuestros hijos ha sido tarea exclusiva de las madres. Así es como, de niños, recibimos la primera noción de que los sentimientos son una característica femenina. Sin embargo, aunque el parto sea una experiencia intransferible que la mujer vive en su propio organismo, *el nacimiento es cosa de los dos (o de los tres)*. Los hombres nos apartamos y hemos sido apartados de esa ceremonia como si nos fuera ajena. Aceptamos que, en esto sí, somos débiles e impresionables y no nos cuestionamos si somos o no somos necesarios allí. Aún más: *no nos preguntamos si necesitamos estar presentes.*

Tenemos derecho a esa presencia, y nuestros hijos también la necesitan. En *Iron Man*, Robert Bly recuerda: «Cada vez que veo a mi padre, tengo nuevos y complicados pensamientos sobre cuánta de la privación que sentí con él me llegó por su voluntad y cuánta me llegó en contra de su deseo; de cuánta él era consciente o inconsciente. Jung dijo algo perturbador sobre esta complicación. Dijo que cuando el hijo es introducido primariamente a la sensibilidad por la madre, aprende a adoptar una actitud femenina hacia lo masculino y a adoptar un punto de vista femenino respecto de su padre y de su propia masculinidad. Ve a su padre a través de los ojos de la madre. Como el padre y la madre compiten por el afecto del hijo, nadie puede obtener un retrato fiel del padre a través de la madre, como tampoco lo obtendrá de la madre a través del padre».

Por todas estas cuestiones, los varones debemos reivindicar *nuestro derecho a participar del nacimiento de nuestros hijos, que es equivalente a estar presentes en la vida de ellos desde el principio y con un lugar propio, no con el adjudicado por los mandatos.*

Pérdidas totales

Hasta tal punto se ha admitido que el papel del padre es el de proveedor, no el de alimentador afectivo, que cuando se da la separación de una pareja que tiene hijos, todos —los que están involucrados y los que no— dan por sentado que los niños se quedarán con la madre y que el padre será el encargado de mantenerlos. Si esto se conviene de común acuerdo en las parejas que no terminan enemistadas, es habitualmente la ley la que lo determina cuando hay litigio de por medio. La situación básica, más allá de excepciones particulares, es ésta: *un hombre que se separa lo pierde todo.* Su casa, la cotidianeidad con sus hijos, sus espacios. De esto no se suele hablar por varios motivos. En primer lugar porque —ya lo hemos visto— los hombres no hablan de sus sentimientos y de sus sufrimientos. En segundo término porque los mandatos y las costumbres de las relaciones han aceitado los mecanismos que desatan sentimientos de culpa en el varón separado, y él trata de acallarlos pagando, haciendo las cosas para las que la máquina masculina ha sido diseñada: soportar, proveer, callar. Por regla general, los mecanismos familiares en estos casos se articulan para rodear, sostener, proteger a la mujer. El varón —como le enseñaron desde la adolescencia o antes—, «puede arreglárselas solo». Además, la mitología le atribuye una inmediata buena vida, llena de libertad, amigos, mujeres. Como todos los mitos, éste también se alimenta colectivamente, y los hombres contribuyen a ello con sus actos. Tienen conductas como las que se supone que deben tener, y en buena medida lo hacen porque es lo que se espera de ellos. No sólo lo esperan quienes los educaron, sus propios congéneres, sino también las mujeres.

A estas alturas de la argumentación creo pertinente proponer que los varones reivindiquemos *nuestro derecho a no ser considerados simples proveedores, nuestro derecho a no ser separados de nuestros hijos; a que la tenencia, en los casos de separación, sea un tema de discusión de cada pareja y no una cosa juzgada de antemano. Nuestro derecho a que se nos considere capaces de criar y educar a nuestros hijos*, en definitiva. Tengo la sensación de que esto sería bueno también para las mujeres. Eliminaría esa imagen de seres llenos de carencias que, curiosamente, en estos casos abanderan sin poner el grito en el cielo. Cuando el feminismo propone la igualdad, no suele mencionar esta situación. Y afrontarla sería una contribución a la conquista de relaciones más honestas y más transparentes entre hombres y mujeres.

Recuperar y estrenar

Como estas dos situaciones que he planteado, hay muchas otras en la vida de un hombre que se dan por sentadas, que no se revisan, que no se discuten, que no se replantean. Y en ellas anidan muchos de los factores que, en la vivencia concreta, hacen del modelo masculino prevaleciente una fuente de estrés, de incomodidad, de sufrimiento silencioso, de inquietud, y también de muerte. Revisar, iluminar con una mirada sin prejuicios los aspectos olvidados de nuestra identidad, puede conducirnos a establecer una mínima y necesaria enumeración de los *derechos del varón*. Es lo que intentaré ahora, tomando como base conversaciones, reflexiones, confesiones, experiencias y recuerdos compartidos con otros hombres tanto en grupos y talleres como en charlas ocasionales, sin propósito fijo:

- El derecho a que no se sospeche de nuestros amigos. Muchos varones se quejan de que, cuando establecen una relación de pareja, deben ir dejando fuera de sus vidas a sus amigos. De los amigos varones se sospecha que son los testigos de sus aventuras y que pueden incitarlos a no comprometerse emocionalmente o a «portarse mal». De sus amigas mujeres, ni hablar: jamás serán consideradas amigas y sí potenciales (o antiguas) amantes. Esto es, lisa y llanamente, desconfiar de la conducta masculina y, en efecto, actúa devolviendo al varón al lugar de la «trampa», cuando no de la asfixia o de la culpa por cosas que no son ilegales ni objetables.
- El derecho a pedir. El ejercicio de este derecho corre por cuenta exclusiva de los varones. Preparados y entrenados para proveer, lo habitual es que nos encontremos en dificultades en el momento de pedir. Por otro lado, como toda situación tiene su cara complementaria, tampoco se nos estimula a pedir. Se da por sentado que si no lo hacemos es porque no lo necesitamos o porque nos las arreglamos solos. Para eso, antes se nos ha inyectado la creencia de que los hombres se las arreglan solos. Pedir no debilita a nadie, puede permitirle fortalecerse al obtener algo de lo que carece, es una forma de conocer con quién se está y de conocer los propios recursos y los que brinda el medio.
- El derecho a ser cuidados. Éste es otro derecho cuya vigencia dependerá en gran medida de que los varones tomemos conciencia de él. Por el momento no está comprobado que nos haya sido negado, pero es indudable que no lo hemos ejercido. Cuando nos cuidamos lo hacemos para conservar en buen estado la «máquina de producir». En verdad lo que hacemos es inducirnos aún más hacia el modelo que nos atrapa. Lo que urge reivindicar es el cuidado *porque sí, por el placer de sentirse*

atendido y mimado. Esto no conduce a nadie a la debilidad ni nada parecido. Ser cuidado significa dejarse mimar, dejarse abrazar, pedirlo. Ser cuidado significa permitir que otros (u otras) hagan cosas por y para nosotros, aunque nos consideremos —o nos consideren— los mejor capacitados, si no los únicos, para ellas.
- *El derecho a ser seducidos*. Otra situación en la que nuestra colaboración es esencial. Está aceptado y establecido que si entre un hombre y una mujer se instala una corriente de atracción, es el varón quien tiene que tomar la iniciativa y correr los riesgos. El que habla, el que hace explícita la situación, es el hombre. Y así se lo hacen saber la educación, los consejos, los ejemplos, las leyendas, las creencias. El merodeo, la aproximación, el contacto corren por su cuenta, lo convierten en un auténtico «obrero» de la seducción, del ligue o como quiera llamársele. La costumbre, la mitología, la cultura han hecho que esto no se cuestione y que, además, se estimule y se intensifique. A los varones y a las mujeres se les enseña que *es así*, y quien es varón está condenado a ejercerlo o a agonizar en la soledad. Aunque en apariencia esto se viva como una ventaja, dé lugar a pavoneos, y se pretenda como un ejercicio de autoafirmación, en la intimidad de muchísimos varones se trata, en realidad, de una fuente de ansiedad, de temores y también de inseguridad (por supuesto no confesadas, pero asentadas en el cuerpo). La otra cara de esto es la consigna femenina de usar sus recursos en función de la atracción del varón, aunque dejando a cargo de él el último paso, el de la explicitación, y guardándose para ellas el recurso más poderoso: el no. Tanto unos como otras —en la exasperación del tipo de relación a la que inducen la cultura y la moral social vigentes— tienden a hacer un uso indiscriminado de estos roles: los hombres tratan de ligarse a cualquier mujer por el sólo hecho de que

lo sea, y sin preguntarse qué es lo que ella les inspira, mientras las mujeres se proponen seducir a todo varón circundante sin percibir quién y cómo es él de verdad. El juego se resuelve cuando el varón *avanza*. En el camino hacia relaciones más transparentes y reales, los varones tenemos derecho a exigir que se nos enamore, que se nos envíen mensajes personalizados (y no seducción indiscriminada), que se nos elija por la persona que somos cada uno. Nuestro trabajo, nada fácil a esta altura de los mandatos incorporados, es *dejarnos*. Una consecuencia de esto será que podremos ver a la mujer que se nos acerca como a una persona del otro sexo y no como a una presa que nuestro coro masculino nos exige cazar.

- *El derecho a aprender de nuestros hijos*. En general no se nos enseña a ser padres, pero sí se nos exige que, como tales, tengamos respuestas para nuestros hijos. Las madres dan amor, cuidado, presencia, refugio. Los padres marcan las líneas morales, proveen y *saben*. Esto dicen los estereotipos. Y el hecho de cumplir con ellos nos obliga a responder aunque no podamos, a saber lo que no sabemos. Como en otros casos, está en juego nuestra condición de varones. Y se encierra ahí otra de las fuentes de ansiedad, de estrés, de angustia, que los varones solemos sufrir solos, sin preguntar, sin compartir, sin pedir ayuda, hasta que aparecen los síntomas y el dolor. Esta idea nos hace carne: no puedo ser menos que mi padre, y mi padre sabía. Aquí no aparece, habitualmente, la reflexión acerca de qué sabía verdaderamente mi padre o de si lo sabía todo. Los padres pueden y saben. Punto. No se cuestiona. Sin embargo, en la medida en que nos permitimos no saber, o *saber que no sabemos*, se abren desconocidos y maravillosos espacios de encuentro y de comunicación con nuestros hijos: aquellos espacios en los que nos ponemos a la altura de ellos, de persona a persona, descargando de nuestras espaldas la pesada lápida de una autoimagen prefabricada, y nos permitimos escuchar y aprender de lo que ellos tienen para enseñarnos por el simple hecho de ser *otros* con existencia propia. Este derecho, con temor y a menudo con desconcierto, está comenzando a ser ejercido.

- *El derecho a ser amados por nuestro ser y no por nuestro parecer.* Cada ser humano es cobarde y valiente, sincero y mentiroso, astuto e ingenuo, inteligente y tonto, creativo y rutinario, alegre y triste... Y las polaridades pueden continuar hasta el infinito. Algunos aceptan sólo uno de esos polos y allí se encasillan (generalmente en el que creen que más les favorece). Se pierden la amplitud de la vida y la riqueza del movimiento. Los hombres somos seres humanos. Tenemos, por lo tanto, la posibilidad de ir descubriendo nuestras propias polaridades, y en la medida en que aparezcan, el derecho a ser conocidos y aceptados con y por todas ellas. Que no se nos ame por ser «tiernos» (solamente), «decididos» (solamente), «inteligentes» (solamente), «ingeniosos» (solamente), «fuertes» (solamente), etc. Así como tampoco por un cargo, por un coche, por un título, por un apellido, por un futuro posible, por una cuenta bancaria, por la pinta, etc. Así como hemos (mal) aprendido a ir detrás de un par de piernas (solamente) o de ojos (solamente) o de tetas (solamente) o de nalgas (solamente) o de nuestras propias fantasías depositadas en una mujer, así los varones hemos aceptado seducir con algunas de las cosas que antes he mencionado, y ser mirados por esas cosas o evaluados por ellas. Están entonces los hombres que terminan diluyendo su identidad en un BMW, en una cuenta bancaria, en un Rolex, en un teléfono móvil, etc. Y están las mujeres que los ven por eso. Sin embargo, hay formas más plenas y más auténticas de asumir la propia identidad y la propia existencia. Tenemos derecho a adoptarlas y a ser amados por todo aquello —variado, cambiante, rico en matices— que somos.

- *Derecho a no ser avasallados.* Esto es algo a ejercer especialmente en el interior del mundo masculino. Una abrumadora cantidad de mensajes recibidos por el varón durante su formación dice que «hay que hacerse respetar», «hay que imponerse», «hay que hacer sentir el rigor» y otras consignas del mismo tipo. En cuanto tienen algo de poder —en la política, en los negocios, en casi todos los tipos de organización— los hombres tienden a ejercitarlo sobre otros hombres. El respeto y la piedad son artículos de lujo en ciertos espacios donde los varones se disputan el poder. De esa batalla destructiva no escapan ni las víctimas ni los verdugos. Jefes, gerentes, directores, presidentes, oficiales, etc., con sus cuerpos endurecidos por fuera y carcomidos por dentro (hipertensión, gastritis, alerta de dolencias cardíacas, insomnio, disfunciones sexuales y estrés variado), pueblan estos escenarios. Son personas que *son lo que hacen y no hacen lo que quieren sino lo que se supone que deben.* Esta actitud vejatoria no tiene por qué ser aceptada por nadie. La ley de la selva no ha sido hecha para los hombres y un varón tiene derecho a no vivir defendiéndose, a no sacar las garras para responder y a ser respetado por otro varón, de igual a igual, sin importar los roles circunstanciales ni las jerarquías.

Cada uno, en la medida en que revise su propio modelo o su forma de vivir el modelo que le involucra, encontrará seguramente otros aspectos en los que se sienta con derecho a ser respetado y que quiera agregar a esta lista. Es interesante observar cómo muchos de los derechos que los hombres hemos sentido como propios de nuestra condición durante muchos años, no son otra cosa que deberes impuestos por la cultura machista. También esto nos lleva a advertir —poco a poco, en muchos casos tentativamente, en un camino de arduo descubrimiento— cómo nos hemos negado el reconocimiento y el ejercicio de derechos que nos corresponden como personas. Colocar

---

DIEZ IDEAS PARA RECORDAR

1. El nacimiento de un hijo es algo de los dos, padre y madre. Sin embargo, los varones hemos sido alejados —y lo aceptamos— de nuestra participación en este acto.

2. Los hijos necesitan que el padre esté presente desde que ellos llegan al mundo. El recibimiento masculino del hijo varón es fundamental en la identidad de la persona.

3. Las mujeres no renuncian a la idea de que el hombre sea el proveedor y pasan a considerarlo como un derecho de ellas.

4. El derecho de participar en la crianza y educación de nuestros hijos no es, para los padres, optativo, sino esencial.

5. Nuestra creencia de que debemos ser proveedores nos hace olvidar nuestras necesidades, no tener registro de ellas y, en consecuencia, abandonar derechos que nos son inherentes.

6. Debido a que los hombres no pedimos, existe la creencia de que no necesitamos.

7. Entre lo que necesitamos está que se nos libere de la responsabilidad de cargar con todos los pasos del proceso de seducción amorosa.

8. También necesitamos permitirnos aprender de nuestros hijos y liberarnos de la exigencia de tener para ellos todas las respuestas.

9. Ningún hombre tiene derecho a avasallar a otro hombre sólo por encontrarse en una situación de poder favorable respecto del otro. Esto se debe modificar en el mundo de las relaciones masculinas.

10. Muchos de los derechos que los hombres consideran adquiridos —como el de conquistar a toda mujer que se acerque, dar órdenes a quien esté por debajo de él, gritar a sus hijos, etc.— no son más que deberes impuestos por la cultura machista.

estos derechos en su verdadero lugar e integrarlos a nuestras vivencias es uno de los caminos posibles para encontrarnos más plenos como personas, en una mejor relación con los demás y en la experiencia de una vida más rica.

Por eso esta noche no. Esta noche no aceptaré lo que siempre he aceptado como natural. No dejaré de lado derechos que me son propios y de los que me he privado. No seguiré sin preguntarme acerca de mis deseos y de mis necesidades, ni continuaré sin expresarlos. Esta noche no iré a ciegas por ese camino al que me lanzaron cargado de obligaciones que no me benefician, y privado de derechos que estaban a mi alcance y que no supe ver. Esta noche necesito que me veas y me respetes. Que lo hagas por mí, y no por lo que nos hicieron creer.

10. Las mujeres
Distintas y necesarias

¿Cómo no amarlas? Y también: ¿Cómo amarlas? Lo primero es imposible, lo segundo es inabarcable. Las mujeres son nuestro referente, nuestro norte, nuestro puerto, el motivo de nuestros amores y de nuestros temores, de nuestro deseo y de nuestro desconcierto.

¿Cómo no amarlas? Sus pieles suaves, sus aromas sensuales, los matices sutiles de sus voces, los movimientos con que se desplazan ante nuestros ojos, las ideas inesperadas que suelen expresar, la impudicia con la que nos muestran sus sentimientos, las distintas temperaturas de su pasión... Todo eso activa en nosotros, los varones, mecanismos secretos, íntimos, que nos impulsan hacia ellas a veces con deseo exasperado, otras con el objetivo de un refugio, otras con la necesidad de una conquista, otras maravillados por el descubrimiento de nuestra propia ternura.

¿Cómo no amarlas si su presencia evoca y moviliza nuestras zonas más negadas y dormidas, aquellas que son nuestra propia mujer interior y oculta, desconocida, anhelante, viviente y prisionera de las mismas rejas que les ponemos a nuestros sentimientos?

¿Cómo no amarlas si son *otras*, si son lo que nosotros no somos y al poder verlas frente a nosotros y fuera de nosotros podemos acercarnos, elegirnos, encontrarnos, palparnos el uno al otro, conocernos, discriminarnos?

¿Cómo no amarlas cuando sus cuerpos, más delicados que los nuestros, tiemblan de frío, cuando sus ojos se sorprenden, cuando sus labios se humedecen, cuando sus voces dicen nuestros nombres, cuando sus manos nos tocan, nos palpan, nos aprietan con ese contacto que no hiere, que entibia, que relaja? ¿Cómo no amarlas cuando hoy pueden afirmar con vehemencia lo mismo que ayer negaban, cuando se columpian de la tristeza a la alegría, del enojo al buen humor, con la velocidad del relámpago y la liviandad del aire? ¿Cómo no amarlas cuando nos preguntan, cuando nos esperan, cuando nos sienten sus héroes, cuando nos franquean sus sentimientos?

Y también, sin embargo, ¿cómo amarlas? Sus pieles, sus aromas, sus movimientos, sus gestos, sus miradas son y no son para nosotros. Sus ideas nos están dirigidas y no. Necesitan nuestra mirada, pero necesitan las miradas de *todos* los hombres, aunque sólo sea para prescindir de ellas. Sus sentimientos, con los que nos desbordan, se convierten en la cara oscura de la luna cuando dejamos de ser el objeto de ellos, y así como nos pueden amar sin medida, nos pueden dejar sin tristeza. Nuestros tangos, patéticos, las lloran. Las mujeres no escriben tangos: siguen adelante.

¿Cómo amarlas y llegar a saber cuánto amor es suficiente? ¿Cómo amar y ser la propiedad que ellas necesitan exhibir ante el coro femenino, solidario cuando sufren, despiadado cuando se muestran felices? ¿Cómo amarlas sin tener que bajarles las estrellas, sin atravesar los mares y sin conquistar el mundo, igual que los príncipes de sus cuentos infantiles? ¿Cómo amarlas aceptando ser objeto de sus sospechas? ¿Cómo amarlas cuando, a pesar de todo, sus pensamientos y sus deseos son los secretos mejor guardados del mundo y sus estados de ánimo duran lo que transcurre un parpadeo? ¿Cómo amarlas en silencio si necesitan de las palabras como del aire? ¿Cómo amarlas sin perdernos, lejos del alcance de cualquier rescate, en la profundidad insondable de sus seres? ¿Cómo amarlas sin que nuestra ternura desnuda se convierta en aquello que les hace añorar nuestra rudeza? ¿Cómo amarlas rodeándolas de nuestra fuerza sin que nos la devuelvan bautizada como torpeza? ¿Cómo amarlas sin tener que estar obligados a colmarlas?

Las mujeres. Lo mismo que nos hace amarlas nos hace huir de ellas. Madres, novias, hermanas, amantes, esposas, ex esposas, hijas, reinas, princesas, diosas. Para ser vistos por ellas, los hombres creamos, luchamos, morimos, trabajamos, competimos. La conquista de la civilización puede verse, a veces, como el intento de conquistar a la mujer (sí, también como su sometimiento: toda moneda tiene dos caras). Y, sin embargo, ella es inconquistable. Deberíamos aprenderlo en la cuna, allí donde la primera mujer nos amamanta. Si lo hiciéramos, después podríamos amarlas con mayor facilidad y mayor felicidad.

Misión imposible

Quizás un primer paso posible para amarlas con un amor que nos permita crecer sea el de quitarnos de encima el imperativo de entenderlas. Como muchos hombres de mi generación y de las siguientes, atravesé un momento de mi vida en que –para alejarme de toda contaminación machista y ser consecuente con un modo de vivir y de pensar progresista– sentí la exigencia de entender a las mujeres, de conocer su alma. En ese camino creí que sentía más afinidad con ellas que con mis congéneres. Las vivencias me demostraron la imposibilidad de mi voluntarioso propósito. Hoy sé que no entiendo a las mujeres, y eso me alivia. No se trata de una limitación mía, sino de un fenómeno que, simplemente, *es así*. También sé que no necesito entenderlas para amarlas. Ser un hombre que entiende a las mujeres se convirtió en uno de los mandatos que se nos agregaron a los varones a partir de finales de los sesenta. Después de la revolución sexual y de los movimientos de liberación femenina, éste era un modo de blanquearse, de estar a tono con los tiempos que empezaban a correr.

Las mujeres nos paren, nos amamantan, nos cuidan, nos educan y, por lo tanto, dicen, nos entienden. Están a nuestro lado, saben lo que nos pasa. Lo menos que podíamos hacer era entenderlas también a ellas. ¿Qué es entender? «Interpretar», dice mi fiel Larousse. Y añade: «Conocer perfectamente. Querer: tener intención».

Interpretar es cargar algo de significado, desplazar lo que aparece ante la vista, postergar lo obvio a favor de algo oculto e imposible de comprobar. No quiero entender en ese sentido. Es entrar en una espiral sin fin. Las mujeres me atraen por lo que veo y percibo de ellas. Eso es suficiente. Es mucho.

Conocerlas perfectamente no me interesa. Es entrar en un agujero negro, perderse en lo imposible. Es desplegar la ilusión de la posesión. Nunca podré conocer perfectamente al otro (a la otra) porque no soy ni puedo ser él (ella). ¿Y para qué conocerlo/a perfectamente? ¿Para controlarlo, para no ser sorprendido por nada que haga o diga, para capturarlo?

En cuanto a querer con intención, resulta la peor manera de querer. Es, en realidad, querer para algo. Para algo que yo necesito. Querer, atender, asistir o escuchar con intención equivale a forzar al otro/a a encajar en mi necesidad. Significa dejar de verlo/a.

Por lo tanto, *no entiendo a las mujeres*. Y os convoco —muchachos, señores, amigos, caballeros, congéneres, hermanos, hombres, varones— a que no las entendáis. Las mujeres son mujeres y los varones somos varones. La Naturaleza, el Orden Universal, este Organismo que todos integramos, Dios o como queráis llamarlo, no se equivoca: ha creado un todo sobre la base de un armonioso y maravilloso equilibrio. Si las diferencias no fueran necesarias, habría un solo tipo de criaturas. Pero las diferencias existen y nos constituyen. Nosotros nos hemos encargado de adulterarlas, de deformar muchas de ellas, de sacar partido de otras, de traicionar el sentido del amor. Creo que es primordial recuperar lo esencial de las diferencias, de encontrar en ellas nuestra identidad, de reivindicar aquello que hay de noble y constituyente en muchas de esas cosas que nos identifican, y siento que desde ahí podremos marchar hacia los territorios del encuentro para compartir lo común y complementar lo diferente. Habrá zonas que permanezcan en el misterio. Bienvenidas sean y aprendamos a preservarlas. No necesitamos interpretar, conocer perfectamente ni querer con intención a las mujeres. No necesitamos entenderlas, ni ser entendidos por ellas.

Puedo entender cómo funciona mi coche, un calefactor, mi ordenador o la impresora en la que se imprime este libro. Y quizá parte de eso me sea útil para desenvolverme en la vida. Cuanto menos misterio tengan estos artefactos, más simple será mi existencia. Pero no necesito entender a las mujeres.

Puedo y necesito *comprenderlas*. Comprender es otra cosa. La comprensión está más cerca de la compasión. No entiendo compasión como lástima, sino como padecer por el otro, percibir el reflejo de lo que el otro siente y captarlo en mí. Desde la cabeza entiendo, desde el corazón comprendo. Cuando los canales que unen mi cabeza y mi corazón están limpios puedo comprender para entender. Puedo comprender a las mujeres, entonces, aceptando sus misterios. Puedo amarlas con esos misterios. Lo que difícilmente podré hacer es entenderlas con sus misterios, porque entender es conocer perfectamente. Y, sin zonas de misterio sagradas y privadas, la otra persona pierde su *otredad*, lo que la hace única, maravillosa, individual e intransferible. Cuando comprendo, comprendo a una persona, a una mujer, a *ésa*. Si pretendo que entiendo a las mujeres, me pierdo la hermosa riqueza de los matices, de lo único: no veo. Creo que urgen relaciones en las que se respeten los misterios, la otredad, la certeza de que cada encuentro es lo que es y no otra cosa. Es *nada menos* que todo lo que es: me encuentro con alguien, con una mujer, no con *las* mujeres. Casi se podría decir que, desde este punto de vista, no hay experiencia acumulada, no hay recetas posibles tomadas de otros encuentros, no hay hombres faunos contra doncellas ingenuas. Hay hombres y mujeres que se cruzan, que a veces se encuentran y que a veces, muchas, se lo pierden.

> *No he venido a este mundo a cumplir tus expectativas*
> *No has venido a este mundo a cumplir mis expectativas*
> *Yo hago lo que hago*
> *Tú haces lo que haces*
> *Yo soy yo*
> *Tú eres tú*
> *Si nos encontramos puede ser maravilloso*
> *Si no, no tiene remedio*

Esto dice la oración gestáltica imaginada por Fritz Perls. Merecemos encontrarnos con las mujeres. Y ellas merecen encontrarse con nosotros. Como dijo alguien en un grupo de hombres en el que participo como coordinador: «Somos hombres y es, por lo tanto, lo mejor que nos ha podido tocar ser. Ellas son mujeres y es lo mejor que les ha podido tocar ser. Somos las dos cosas más hermosas que se han inventado. Lo más grandioso que nos puede pasar es encontrarnos teniendo claro lo que somos».

Primeros pasos

No se trata, en efecto, de cambiar, de torcer, de violentar la esencia del otro. El primer paso del amor es la aceptación. El primer paso de la posesión consiste en esperar que el otro cambie por mí o para mí. El primer paso del sometimiento es cambiar por o para el otro. Para aceptar hay que comprender. Cuando no acepto, intento entender.

¿*Cómo amar, entonces, a las mujeres?* Alcanzando cada vez un mayor conocimiento de quiénes somos y de qué queremos como hombres y, enraizados allí, aceptando lo que ellas son.

¿*Cómo no amarlas, entonces? ¿Cómo no hacerlo si son como son?*

Desde esa concepción y ese sentido del amor, desde la aceptación de ellas —mis diferentes, mis otras— les agradezco su existencia, siento que puedo ser hombre porque ellas existen y son mujeres y, finalmente, puedo decir:

> Esta noche sí, querida. Esta noche encontrémonos, después de habernos discriminado, de haber empezado a saber quiénes somos cada uno y después de haber empezado a aceptar al otro. Esta noche encontrémonos desde nuestras magníficas, valiosas diferencias y caminemos calzados con ellas. Esta noche agradezcamos nuestra mutua existencia y nuestra existencia individual. Respetemos que no somos el uno para el otro y celebremos la posibilidad de ser el uno con el otro. Esta noche sí, querida, yo soy yo y tú eres tú.
>
> Y si nos encontramos, puede ser maravilloso.

DIEZ IDEAS PARA RECORDAR

1. Las mismas cosas por las cuales amamos a las mujeres son las que a menudo nos hacen alejarnos de ellas en un permanente juego de contacto y retiro.

2. No es necesario conquistar permanentemente a las mujeres. Esa actitud a veces nos impide verlas.

3. No es necesario entenderlas para relacionarse con ellas. El entendimiento es una empresa imposible y tramposa que encierra los gérmenes de la posesión.

4. Sí es necesario comprenderlas. Comprender es tener un registro de los sentimientos del otro y un eco de ellos en nosotros.

5. Pretenden entender los que no pueden aceptar. Comprender, en cambio, es aceptar y respetar el misterio del otro, en este caso, el de las mujeres.

6. En el misterio del otro reside su «otredad», eso que lo (la) hace ser alguien distinto de mí, que no está en mí, que no soy yo y con quien, por lo tanto, me puedo encontrar.

7. El encuentro es la más bella posibilidad entre un hombre y una mujer. El encuentro ocurre desde la aceptación y la conservación de los misterios mutuos.

8. La aceptación de lo diferente es el primer paso del amor.

9. Para estar en condiciones de amar, deberíamos comenzar por conocer y reconocer nuestra propia identidad individual y masculina, lo que nos hace diferentes de las mujeres.

10. «Somos hombres y es lo mejor que nos podía haber pasado. Ellas son mujeres y es lo mejor que les podía haber pasado.»

Apéndice*
Grupos de hombres al rescate de la masculinidad profunda

A comienzos de la década de los noventa, cuando vivía mis primeras experiencias en la coordinación de grupos de hombres, escuché una significativa acusación por parte de algunas mujeres: «¡Vosotros sois unos discriminadores!», nos echaban a la cara, indignadas, a los que convocábamos las reuniones cuando les explicábamos que esos grupos y talleres sólo admitían participantes varones. Pocas veces escuché la palabra discriminación utilizada con más acierto que entonces, aunque no sé si ése era su objetivo. Cuesta sentirse acusado de discriminador y no tomarlo como una ofensa. Pero en aquel caso era así: proponíamos los grupos como espacios en los cuales los hombres pudiéramos discriminarnos. Es decir, vernos como figura fuera del fondo de los estereotipos, los modelos y los mandatos que esta cultura destina a la masculinidad.

Una cuestión pendiente
Discriminarnos de las mujeres, de nuestros antecesores, de nuestros contemporáneos y de nuestros sucesores abría la posibilidad de saber quiénes somos, de descubrir la originalidad de lo masculino y la singularidad de cada varón. Cuando arrancaba el tramo final de este siglo y de este milenio, esa asignatura de

* Una versión de este texto fue publicada en el n.º 4 de la revista *Enfoque Gestáltico* (abril de 1977).

los hombres no podía seguir pendiente sin causarnos dolor, desorientación, confusión, extravío y sufrimiento. La historiadora y filósofa francesa Elisabeth Badinter (autora de XY: la identidad masculina[1] y participante de los movimientos feministas de mediados de siglo) reconoce que «la adquisición de la identidad masculina es ardua y dolorosa, mucho más que para la niña adquirir la propia». En un documental sobre los grupos coordinados por el poeta e investigador jungiano Robert Bly (uno de los iniciadores de este movimiento), se ve a un muchacho detenerse en un determinado momento y preguntar: «¿Dónde están los hombres de hoy?».

La respuesta más simple podría ser ésta: están sumergidos bajo roles, exigencias y mandatos que los inmovilizan, los bloquean emocionalmente, paralizan sus impulsos más genuinos y auténticos y postergan la potencialización de sus posibilidades.

Quiero recordar rápidamente el gran cambio que desde los años cincuenta en adelante (y particularmente desde los sesenta) protagonizaron las mujeres en cuanto a su propia situación, sus propias postergaciones y su propia femineidad negada. La trampa de los estereotipos mantuvo cazados durante generaciones a mujeres y hombres por igual, enfrentándonos en una «guerra de los sexos» que sólo tuvo (y sólo puede tener aún hoy) perdedores.

Las tres décadas de transformación de lo femenino son encomiables e imprescindibles en el cambio del escenario de las relaciones humanas en nuestra sociedad. Pero es insuficiente si no se acompaña de un cambio de lo masculino. El psicotera-

---

1. Elisabeth Badinter, XY: la identidad masculina, Alianza Editorial, Madrid 1993.

peuta James Hillman (compañero de ruta de Bly) dice que desde la revolución industrial en adelante el hombre ha ido siendo alejado –por la cultura, por el entorno, por los mandatos educativos, por sus propias obsesiones– de lo *masculino profundo*. El intento de recuperar esa masculinidad se ha ido convirtiendo, dice Hillman, en «el primer proceso social posmoderno».

Hombres en grupo
Los grupos de hombres son una manifestación de ese proceso. No todos estos grupos son iguales, aunque tengan un objetivo común: romper el cerco del estereotipo y explorar otras áreas de la masculinidad. Algunos procuran desenterrar el hombre «salvaje» o *natural* volviendo a escenarios primitivos y selváticos en los que se recuperan y ensayan antiguos modos de comunicación (corporal y percusiva). Otros ponen el acento en la reflexión sobre la propia condición y en la indagación intelectual. Hay grupos que trabajan en el propósito de despertar lo «femenino» dormido o desconocido de los varones. Otros se proponen grupos terapéuticos en los que se abordan las patologías que genera el ejercicio de la masculinidad diseñado por nuestra cultura.

Mi experiencia personal ha ido derivando hacia otra opción. Empecé proponiendo un recorrido por las cuestiones generales de la masculinidad: nuestras actitudes hacia el trabajo, el éxito, los hijos, las mujeres, los demás hombres, los padres, el cuerpo, la sexualidad, la comunidad. La pregunta por nuestras creencias, nuestros mandatos, nuestros rituales (o la pérdida de ellos).

Esto fue lo que me preocupó en el tramo inicial de mi experiencia. Se trataba de ir descubriendo, a través de una búsqueda común en los grupos, los rasgos comunes a todos nosotros, sobre los cuales los hombres (enseñados para ocuparnos de lo externo, del funcionamiento del mundo y de las cosas, pero no de las emociones y los afectos) carecíamos de registro. Eso marcó un comienzo en la trayectoria de aquellos grupos iniciales y en la mía.

El cierre de muchas de esas preguntas abrió, gestálticamente, otras. Aquel primer tramo delineó lo general de la masculinidad. Las etapas posteriores apuntaron a las particularidades. Trabajé con grupos sobre cuestiones específicas: hombres en la segunda mitad de la vida, hombres «embarazados» que iban a debutar como padres, grupos sobre la sexualidad masculina, grupos de padres de adolescentes... Actualmente sumo a esto grupos de hombres recién divorciados o a punto de hacerlo, y grupos de hombres que tienen en común la vinculación del fútbol con sus vidas. Advertí que trabajar desde una particularidad permite llegar a una visión y comprensión de lo general.

Es interesante ver, en el panorama de estas propuestas y experiencias, cómo el todo de la masculinidad no es necesariamente la suma de sus partes. Un hombre no es la acumulación de un padre, más un hijo, más un marido, más un profesional, más un trabajador, más un comerciante, más un hincha, más un productor, más un líder, más un amigo, más un competidor, más un amante, más un pensador, más cualquier otro rol. Es más que eso, un ser único e irrepetible que no puede ser abarcado por un prejuicio, un preconcepto o un estereotipo.

En la diversidad que propone un grupo de padres es posible, según mi experiencia, descubrir esa originalidad de cada uno emergiendo del telón de fondo de las vivencias y experiencias compartidas a lo largo de nuestra vida como hombres.

Las otras polaridades

El abordaje de las particularidades de las vivencias masculinas es, volviendo al principio, un ejercicio de discriminación. Una discriminación esclarecedora. Al profundizar en ella se dibuja el perfil de la masculinidad profunda, auténtica y, a menudo, oculta.

Esa masculinidad no se completa, como suele decirse a menudo, con la asunción de lo «femenino». En esta comprobación reside, según mi experiencia, la riqueza fundamental del grupo de hombres. Los *Grupos de Exploración del Alma Masculina* —como los he llamado— no son espacios donde los hombres despierten su parte «femenina». Después de varios años de trabajo profundizando en la cara oculta de la masculinidad, tengo la certeza de que esa cara no es la de una mujer.

Tradicionalmente se aceptan estas polaridades:

MASCULINO	FEMENINO
Actividad	Pasividad
Fuerza	Debilidad
Dureza	Sensibilidad
Empuje	Contención
Arrojo	Receptividad
Invulnerabilidad	Fragilidad
Pensamiento	Sentimiento
Racionalidad	Emoción
Castigo	Recompensa
Exigencia	Protección
Provisión	Cuidado
Coraje	Prudencia
Resistencia	Nutrición
Ira	Comprensión

Exterioridad	Interioridad
Lo público	Lo privado
Mandar	Convencer
Reflexión	Intuición
Ordenar	Pedir

Si cambiar o ampliar el estereotipo tradicional masculino consistiera sólo en que los hombres asumieran aquellas características que no les son culturalmente asignadas, nada cambiaría de fondo. Seguiríamos atados a la idea de que hay características «naturalmente» femeninas y otras «naturalmente» masculinas.

Al profundizar el trabajo con los hombres, advertí que, partiendo de esa idea, se llega a percibir el perfil de un hombre «afeminado» (es decir, que matiza su estereotipo con la adopción de algunas actitudes, y sólo eso, atribuidas al estereotipo femenino). En la realidad de su vida ese hombre o no registra transformaciones profundas o deviene en lo que se conoce como hombre *light*. Ni en uno ni en otro caso es posible esperar un encuentro verdadero y profundo con la mujer.

Desde esa perspectiva se plantea, creo, una polaridad falsa, y el resultado del trabajo será una integración artificial y transitoria. Cuando un grupo de hombres se consolida y se solidifica como una red solidaria, como un generador de iniciativas colectivas, como un contenedor de experiencias individuales, como un disparador de trabajos comunitarios, como un modificador de escenarios profesionales y familiares de sus componentes, ocurre desde una integración diferente.

De acuerdo con mi visión, todas las características repartidas en el cuadro citado más arriba son humanas. La división de estereotipos corresponde a la acción cultural. Pero esa adjudicación podría ser reemplazada por una lista única en la cual todos estos atributos, juntos, se consideraran simplemente *humanos*.

Si aceptamos esto podemos proponer una nueva concepción de las polaridades. De acuerdo con ello, hay atributos humanos y hay modos masculinos y femeninos de registrar, experimentar y expresar esos atributos. El trabajo en los grupos que coordino no pone el acento en una carencia masculina, sino en una postergación. Por ejemplo, no decimos que los hombres carecemos de sensibilidad o de capacidad para la interioridad, sino que no hemos aprendido cuál es la manera masculina de expresarlas y comunicarlas. Cada uno de los sexos conoce el modelo opuesto de expresar aquellos atributos que le son negados o que tiene postergados. La tarea pendiente es registrar e integrar el propio modo de actualizar esos atributos.

Esto significa que la polaridad no es, por ejemplo, *provisióncuidado*, sino *modo masculino de proveer - modo femenino de proveer y modo masculino de cuidar - modo femenino de cuidar*. En los grupos de hombres propongo hoy trabajar en los modos masculinos de expresar los atributos negados (o designados como características del otro sexo) y en los modos auténticos, no regidos por mandatos y creencias, de expresar los atributos permitidos y exigidos. De esto nacerá el acceso a la masculinidad profunda, que no es sinónimo de «nueva masculinidad». La «nueva masculinidad» aparece, desde mi perspectiva, como una necesidad de la moda cultural, pero lo «nuevo» puede ser «viejo» ante el menor cambio de las tendencias reinantes. Estos conceptos que se repiten sin fundamentarse resultan arriesgados en la actual atmósfera posmoderna.

La masculinidad profunda alude a pilares ancestrales de lo masculino. La exploración grupal transcurre en ese terreno, no intenta inventar nada, sino hacer pasar de fondo a figura aquellas características de los varones que, al ser relegadas por la ausencia de modelos y por la presencia de exigencias sostenidas desde fuera de las verdaderas necesidades y posibilidades masculinas han terminado por empobrecer la vida de los hombres contemporáneos. Integrar las posibilidades presentes y las potencialidades postergadas de los varones es la propuesta de la exploración del alma masculina.

Una vez completado este proceso se abre uno nuevo. Cuando hombres y mujeres nos encontremos habiendo descubierto las auténticas expresiones masculinas y femeninas de todos los atributos humanos, nos hallaremos ante el desafío profundo de la aceptación: cada uno comprobará que hay modos diferentes de expresar lo que creía y consideraba propio y deberá aceptar esa diferencia y los consecuentes misterios que ella propone. Los hombres veremos expresiones no conocidas por nosotros de la fuerza, el coraje o la acción y las mujeres se encontrarán con modos no conocidos por ellas de manifestar la ternura, la pasividad y la nutrición. Un nuevo horizonte de nuestros vínculos nos aguardará.

Punto de encuentro

A los hombres interesados en explorar los caminos y espacios de una masculinidad profunda y auténtica, encontrándose con otros varones que reflexionan y avanzan en esa misma dirección, a los hombres cuyas inquietudes les llevan a buscar ese replanteamiento en los ámbitos de la pareja, el trabajo, la profesión, la paternidad, la amistad y en todos los planos de la vida masculina, a los que estén interesados en integrar grupos, participar de encuentros o, simplemente, comunicar las ideas, reflexiones, sentimientos y sensaciones que les ha provocado la lectura de este libro, el autor les agradece que se comuniquen con él. Será un valioso aporte en esta búsqueda común.

Para ponerse en contacto con el autor
para comentarios o preguntas
los lectores pueden dirigirse a:

perelsergio@yahoo.com.ar